Sommaire

Normandie

Vieillir… sans devenir vieux !

Vous avez remarqué ? Depuis quelques années, les interviews de stars féminines vantant à quel point il est bon de vieillir se multiplient dans les magazines. Dans la mouvance du *body positive*, voici venu l'*age positive*. Mais, quelques pages plus loin, paraissent tout aussi régulièrement des articles vantant les promesses de telle crème ou tel sérum « anti-âge », quand ce ne sont pas des plaidoyers en faveur de la médecine et de la chirurgie esthétiques (avec des avant/après parfois bluffants), deux pratiques entrées dans les mœurs, même chez les plus jeunes.

Assumer son âge ? Le revendiquer haut et fort ? Ou bien lutter coûte que coûte contre les signes du temps, en s'accrochant de façon pathologique à une jeunesse physiologiquement vouée à disparaître ? Alors que je fête mes 60 ans cette année, et que je m'apprête à vivre une nouvelle aventure en présentant une émission quotidienne à la radio sur Europe 1, je suis naturellement amenée à me poser ces questions. *A fortiori* en faisant un métier d'image, dans un monde télévisuel où les ego bataillent et où, finalement, nous ne sommes pas si nombreux (et encore moins nombreuses !) à revendiquer une belle longévité. Cela fait en effet trente-cinq ans que je suis à l'antenne presque tous les jours. Trente-cinq ans que vous voyez mon visage à la télévision et, plus récemment, en couverture de mon magazine *S* et sur les réseaux sociaux, où les commentaires sur mon physique sont parfois acerbes... Vous m'avez vue débuter, grandir, évoluer, mûrir. Cette image est mon outil de travail : je me dois donc d'en prendre soin. Je suis obligée de rester en forme, de garder la ligne, de paraître fraîche et reposée. C'est un devoir vis-à-vis de vous, qui m'invitez chaque jour dans vos maisons à travers vos écrans. Si, pendant des années, le vieillissement n'était pas un sujet de préoccupation majeure pour moi, il l'est devenu cette dernière décennie car, comme tout le monde, je vieillis ! Fidèle à ce besoin d'authenticité et de naturel, je refuse de tomber dans le jeunisme ambiant. S'obstiner à « rester jeune » ? Peine perdue ! Dans le même temps, j'ai toujours eu conscience qu'il était de notre responsabilité de prendre soin de notre enveloppe charnelle, plus encore au fil du temps. Se laisser aller revient à gâcher sa santé, sa vitalité, son rayonnement. S'entretenir, c'est une manière de s'honorer soi-même, d'honorer les autres et la vie, tout simplement. Cela renforce également l'estime de soi.

Le « bien vieillir » réside donc, pour moi, dans cette troisième voie entre acceptation du temps qui passe et soin de soi pour accompagner du mieux possible ce corps qui change, mais nous supporte chaque jour.

Nous avons tendance à l'oublier, obnubilés par notre image, par le « faire » et l'« avoir » plutôt que l'« être », mais, comme le rappelle Marie de Hennezel dans son livre *L'Aventure de vieillir*[1], vieillir est une chance. Une chance qui n'est pas donnée à tout le monde. J'en ai eu conscience très tôt, lorsque ma mère est décédée à 44 ans d'un cancer du sein très agressif. Sa disparition précoce a sonné pour moi comme une injonction à célébrer la vie. À l'aube de ce « troisième âge », l'assertion « vieillir est une chance » prend une autre coloration. Elle m'amène à changer de point de vue : il ne

1. Robert Laffont, 2022.

s'agit pas d'appréhender la vieillesse comme une perte de ce qui n'est plus, encore moins de la subir comme un déclin, mais bien de l'accueillir comme un privilège. Cela me pousse à me tourner vers d'autres ressources, intérieures, que le temps ne saurait altérer.

Avec les années, nous sommes riches de nos expériences, de nos apprentissages, mais aussi de nos échecs. Auréolés d'une certaine sagesse, nous sommes en même temps plus libres, débarrassés de nos masques, émancipés du regard de l'autre.

Il y a comme une urgence à profiter, à s'aligner enfin avec son identité profonde, à abandonner cette personne construite de toutes pièces pour plaire, se sentir légitime et répondre aux injonctions de la société. Une urgence à se délester des regrets et des remords.

À l'heure où j'écris ces lignes, la France est bloquée par des mouvements sociaux contre la réforme des retraites. Après des décennies à travailler, les Français tiennent à profiter de ce temps de repos bien mérité qu'est leur retraite. Mais, alors que l'espérance de vie s'allonge, comment continuer à trouver un sens à sa vie sans une activité professionnelle sur laquelle, parfois, on a tout misé ? Sans les enfants, qui ont quitté le nid ? Que faire de ce troisième âge où l'on est encore plein d'énergie, de ressources et d'envies ? Cultiver sa curiosité, rester en lien avec les autres, trouver une activité où l'on se sent utile, être dans la gratitude, rester ouvert à la nouveauté et à l'inconnu, apprécier le moment présent, aimer, bouger chaque jour, prendre soin de son apparence, bien se nourrir… autant d'actions contribuant à préserver cette jeunesse de cœur et d'esprit qui, contrairement à celle du corps, est vouée à s'épanouir tout au long de la vie. C'est une vibration, une énergie que l'on se doit chaque jour d'alimenter par de petites actions et, surtout, c'est un état d'esprit. « On ne peut s'empêcher de vieillir, mais on peut s'empêcher de devenir vieux », disait le peintre Henri Matisse.

Avec ce livre, j'ai eu envie de partager avec vous mes questionnements sur l'âge.

L'écriture est une véritable thérapie pour moi. Livrer mon intimité, exposer ma vulnérabilité et poser des mots sur mes doutes me permettent de mettre de l'ordre dans mon esprit et de trouver des réponses à mes questions. Ainsi, chacun de mes livres se fait l'écho d'une problématique émergeant à des moments clés de ma vie. Dans *Au-delà... Grandir après la perte*, coécrit avec mon ami psychiatre Christophe Fauré, je me suis plongée dans le travail du deuil, vingt ans après la disparition de ma mère. Dans *Ce que j'ai appris de moi*, j'ai partagé les tourments intérieurs qui m'assaillaient durant la crise du milieu de vie. Au seuil de la soixantaine, il me semblait donc naturel de partager avec vous cette nouvelle étape de ma vie et, surtout, de vous livrer quelques conseils pratiques et astuces, fruits de mes lectures, de mes recherches, de mon expérience et d'entretiens réalisés auprès de différents experts (psychologues, neurologue, diététicienne, chirurgien esthétique, maquilleuse, etc.). Animée par ce goût pour les autres, j'ai besoin de transmettre. Que ce soit en tant que présentatrice télé ou radio, animatrice du Téléthon, bénévole dans des associations, autrice, rédactrice en chef de magazine, c'est ce profond désir d'être utile qui m'anime.

Comment sortir du carcan de l'âge et des rôles que nous assigne la société, et continuer de nous projeter, d'aimer, de prendre des risques ? Comment vieillir... sans devenir vieux ?

Comment faire du temps qui passe un allié pour se sentir libre, épanoui, et savourer chaque instant d'une vie qui nous ressemble enfin ? Je ne prétends pas être le porte-étendard des femmes de ma génération, et encore moins un modèle. Loin de moi l'idée de revendiquer la perfection ! Je souhaite simplement partager avec vous, sans tabou, quelques conseils qui, je l'espère, vous aideront à avancer dans l'âge avec sérénité et joie.

« Ne laissez jamais personne vous dire que vos meilleures années sont derrière vous », a déclaré Michelle Yeoh, 60 ans, lorsqu'elle a reçu l'Oscar de la meilleure actrice en mars 2023. Non, le passage des années n'implique pas de vivre petit, étriqué ou triste ! Non, nous ne sommes pas « périmé(e)s » après 50 ans ! Bien au contraire, c'est tout un champ des possibles qui s'ouvre à nous. L'âge ne doit plus être vu comme un facteur limitant, mais comme une occasion de découvertes, une expérience féconde et, pourquoi pas, surprenante et heureuse. Quel bonheur de vieillir !

Chapitre 1

« Prends soin de ton corps pour que ton âme ait envie d'y rester. »
Gandhi

Honorer son corps

Depuis quelques années, je le constate devant le miroir : avec l'âge, et plus encore la ménopause, le corps change. Les cellules graisseuses ont tendance à prendre leur aise, particulièrement au niveau du ventre, tandis que les muscles fondent comme neige au soleil. Des douleurs peuvent apparaître, on se sent moins bien armée, plus fragile, et notre corps nous fait payer un peu plus cher les excès qu'on lui fait subir, qu'ils soient alimentaires, sportifs ou festifs. Les grandes responsables ? Les hormones, bien sûr ! Ou plus exactement, leur disparition ! Ces changements sont pourtant une réalité physiologique qu'il est impossible de stopper. Acceptons-les ! Cessons d'en vouloir à ce corps et remercions-le : il nous a permis d'accomplir une multitude de choses et il est encore là, à nous soutenir chaque jour. À ce titre, il mérite toute notre attention. Car accepter ne signifie pas se résigner. La ménopause et ce travail de « deuil » du corps jeune ne doivent pas être un prétexte pour baisser les bras, bien au contraire ! L'hygiène de vie est encore plus importante pour ne pas accélérer ce processus. C'est là que réside notre marge d'action. Accompagnons du mieux possible ce corps qui change, sans hostilité, en le faisant bouger régulièrement, en lui accordant un sommeil de qualité, en le ressourçant auprès de la nature. Prendre soin de soi, c'est honorer la vie et mettre toutes les chances de son côté pour aborder ce troisième âge en bonne santé et pleine d'énergie. Il nous reste tant de choses à expérimenter !

Rester en mouvement

Okinawa, au Japon, Icaria, au cœur de la mer Égée, Ogliastra, en Sardaigne… autant de « zones bleues », ces régions du monde qui comptent de nombreux centenaires. Là-bas, les séniors ne passent pas leur temps sur leur canapé ! Chaque jour, ils s'activent en se déplaçant à pied ou à vélo, en jardinant, en s'adonnant à des travaux manuels… Bouger est en effet l'un des piliers de la longévité. Avec les années, il ne s'agit plus de viser la performance ou de se tailler des abdos de rêve, mais de prendre soin de soi, avec bienveillance… et une certaine dose d'autodiscipline !

Marcher et nager : mes activités de prédilection

Dans les rues de Paris, sur les plages de ma chère Normandie, sur les sentiers de montagne… j'adore marcher ! Bouger est vital pour moi. Petite, je me dépensais sur les terrains de basket et de tennis. Aujourd'hui, j'aime dévaler les pistes de ski, arpenter les terrains de golf ou partir en randonnée. En véritable fille de la mer, je ne me sens jamais aussi bien que sur l'eau (en bateau, sur une planche à voile ou de surf, dans un canoë…) et, bien sûr, dans l'eau : avec la marche, la natation est mon sport de prédilection. Dès que mon emploi du temps me le permet, j'enchaîne les longueurs. Le sport me libère de la fatigue nerveuse. À mesure que je m'active, les pensées défilent : je les observe, puis je les laisse passer, tels des nuages qui se dissipent petit à petit, ramenant la clarté dans le ciel. Naturellement, des réponses à mes interrogations du moment émergent. D'autres questions (qui n'en étaient finalement pas) disparaissent d'elles-mêmes. Mon cerveau étant constamment en ébullition, il n'y a guère que dans ces moments d'activité physique que j'arrive à le débrancher. « Il ne faut prêter foi à aucune pensée qui n'ait été composée au grand air,

Le sport me libère de la fatigue nerveuse. À mesure que je m'active, les pensées défilent : je les observe, puis je les laisse passer.

dans le libre mouvement du corps – à aucune idée où les muscles n'aient été eux aussi de la fête », résumait si bien Nietzsche. Je suis profondément convaincue que ces séances de marche ou de natation m'ont aidée à traverser les difficultés de ces dernières années : remises en question professionnelles après l'arrêt de certains programmes, ruptures amoureuses, turbulences liées à la crise du milieu de vie…

POUR FINIR DE VOUS CONVAINCRE

Le sport, c'est bon pour…
• limiter les bouffées de chaleur et les sueurs nocturnes.
• améliorer le sommeil.
• préserver le lien social.
• booster la bonne humeur grâce à un cocktail d'hormones et de neurotransmetteurs : dopamine, sérotonine, GABA, endorphines. De récentes études montrent même que l'activité physique entraîne des effets semblables à ceux des antidépresseurs sur la sécrétion de sérotonine.
• préserver les capacités cognitives, grâce à une meilleure oxygénation du cerveau et la production de BDNF (*Brain-Derived Neurotrophic Factor*), une protéine qui aide à la création de nouvelles connexions entre les neurones.
• limiter le raccourcissement des télomères, ces petits capuchons situés à l'extrémité de notre ADN et qui s'érodent avec le temps. C'est particulièrement vrai pour le HIIT (voir p. 16).
• prévenir l'apparition des rides grâce à l'interleukine 15, une molécule antirides sécrétée durant l'effort.

Le sport après 50 ans ? Halte aux idées reçues !

Avec **Séverine Vidal**, directrice technique adjointe de la Fédération française d'éducation physique et de gymnastique volontaire[1] (FFEPGV)

N'est-il pas trop tard pour s'y mettre si l'on n'a jamais été adepte du sport ? La muscu, c'est réservé aux hommes, non ? De nombreuses idées reçues circulent sur l'activité physique, au risque de constituer un frein à la pratique de ce sésame santé et longévité. Faisons le point !

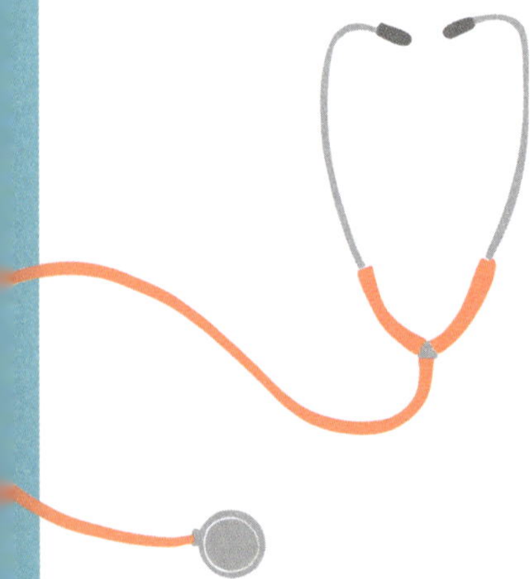

Le sport ? Ça ne sert à rien de commencer maintenant !

Faux !

La bonne nouvelle, c'est que, quel que soit l'âge auquel on se (re)met au sport, les bénéfices sur la santé et le bien-être seront toujours au rendez-vous. Et après la ménopause, on a tout intérêt à se bouger, car l'activité physique agit sur trois grandes problématiques : la fonte musculaire, l'augmentation du risque cardio-vasculaire et la baisse de la densité osseuse. La mauvaise nouvelle, c'est que ces bénéfices disparaissent dès que l'on arrête le sport.

Pour une reprise sans risque, il faut prendre quelques précautions afin d'éviter les accidents et blessures :

- Faites une visite médicale de contrôle chez votre médecin généraliste. En cas de pathologie (maladie cardiaque, diabète, arthrose, ostéoporose, rémission de cancer…) ou de douleurs, certaines précautions seront à prendre.

---

1. À travers toute la France, la FFPEGV propose de nombreuses activités, adaptées à tous les publics et encadrées par des professionnels du sport et de la santé. Voir www.ffepgv.fr pour en savoir plus !

- Consultez un cardiologue. Après 40 ans, un test d'effort est recommandé avant de reprendre une activité physique.

- Faites-vous accompagner par un pro – coach sportif, coach APA (activité physique adaptée), kinésithérapeute – afin de choisir l'activité la plus adaptée, les mouvements corrects, le bon rythme en endurance et, surtout, ne pas vous blesser, ce qui risquerait d'anéantir toute votre volonté.

- Allez-y progressivement, que ce soit en intensité, en durée ou en fréquence.

La muscu, c'est réservé aux bodybuilders !

Faux !

Squats, pompes, burpees... ce n'est vraiment pas mon truc ! Et ça l'est encore moins d'obéir aux injonctions d'un coach. Pourtant, je le sais : il est important d'ajouter du renforcement musculaire à sa routine sportive, surtout après la ménopause. Pas de risque de faire de la gonflette, il s'agit surtout de limiter la perte musculaire. Ainsi, on évite que la graisse ne prenne sa place, particulièrement autour de la sangle abdominale, où les muscles fondent très rapidement tandis que les cellules adipeuses se multiplient allègrement. Ce travail musculaire permet également d'améliorer la posture, de prévenir le mal de dos ou les douleurs d'épaule. Dernier bénéfice et non des moindres : plus on a de muscle, plus on brûle de calories au repos. Un vrai coup de pouce pour contrer les kilos de la ménopause !

Alors, faut-il aller soulever de la fonte en salle, ou bien peut-on se contenter de quelques exercices chez soi ? L'idéal est de s'exercer avec et sans matériel. À poids de corps (c'est-à-dire sans matériel), on travaille l'endurance musculaire : c'est ce qui nous aide à tenir un effort sur la durée. Avec du matériel (machines en salle, haltères à la maison ou, à défaut, bouteilles d'eau !), on va travailler la force musculaire. C'est elle qui nous permet de soulever des charges au quotidien, comme porter ses petits-enfants. Dans les deux cas, variez les exercices afin de mobiliser l'ensemble des chaînes musculaires... et pas seulement le bas du corps, comme le font souvent les femmes de peur d'avoir des triceps gonflés !

Il vaut mieux marcher longtemps et lentement, que moins longtemps et plus vite (vous me suivez ?).

Les deux !

Il faut absolument inclure dans sa routine sportive de la marche, du vélo, de la course à pied ou de la natation. En somme, de l'endurance. Cela permet de travailler l'appareil cardio-respiratoire et de ne pas s'essouffler au moindre effort au quotidien. Vous marchez régulièrement avec votre meilleure amie, tout en papotant ? C'est de l'endurance fondamentale, c'est-à-dire sans effort, à un niveau d'intensité modérée. C'est parfait, mais vous pouvez optimiser cette marche en faisant de petites accélérations ou des montées de temps en temps. Vous savez que vous avez atteint la bonne intensité quand vous ne pouvez plus parler... sans pour autant être à l'agonie, bien sûr ! Ainsi, vous pouvez faire du HIIT, c'est-à-dire de l'entraînement fractionné de haute intensité, qui consiste à alterner de brèves périodes (15 à 30 secondes) d'effort intense et de récupération. L'idéal est de réaliser six à huit fois cette série d'accélérations et de repos, puis de répéter ce travail deux fois. Le HIIT peut être fait en marchant, en courant, en nageant, sur un rameur ou un vélo elliptique, mais aussi en renforcement musculaire en enchaînant des séries de mouvements intenses (c'est le principe du *cross training*). Si vous partez de loin, démarrez progressivement, avec de l'endurance fondamentale durant 20 à 30 minutes puis, petit à petit, de brèves accélérations.

Il est interdit de faire du sport en cas d'ostéoporose : le risque de fracture est trop important.

Faux !

Il est même recommandé d'avoir une activité sportive, à condition de bien la choisir. On mise sur des activités avec impact (marche, course à pied) afin de favoriser la reconstruction de l'os. À chaque impact, on crée en effet des microfissures dans l'os, ce qui favorise sa reformation.

En cas d'arthrose, il faut bouger le moins possible pour préserver ses articulations.

Faux également !

La pratique d'une activité physique est même recommandée, car elle aide à maintenir une bonne mobilité des articulations et entretient les muscles et les tendons. Mais, à l'inverse de l'ostéoporose, on privilégie les sports portés (natation, vélo, aviron, yoga, tai-chi). Il est possible de courir, mais sur un sol stable et avec de bonnes baskets. En revanche, on fait une croix sur les sports à changements d'appui brutaux (sports collectifs ou de combat, tennis, ski...).

Il faut s'étirer après le sport pour éviter les courbatures.

Faux !

Encore une idée reçue qui a la vie dure ! En revanche, il est bon de s'étirer au quotidien pour travailler la souplesse musculaire et articulaire, libérer les tensions, et même préserver sa santé cardio-vasculaire en améliorant la circulation sanguine et en diminuant la rigidité artérielle. 15 à 20 minutes le matin, au réveil, c'est parfait ! On reste 20 à 30 secondes sur chaque étirement, sans à-coups, et on relâche sur l'expiration.

L'idéal, c'est de faire du sport trois fois par semaine.

Vrai... et faux

Bien sûr, c'est l'idéal, en variant entre renforcement musculaire (avec et sans matériel), endurance (avec du HIIT) et étirements. Mais on n'a pas toujours la motivation, le temps ou le budget. Le plus important reste de maintenir une activité physique sur la durée. Pour cela, rien de mieux que le plaisir, tout simplement. Yoga, zumba, course à pied, Pilates, tai-chi, marche nordique ou, pourquoi pas, aviron (très bon pour le cardio !) : privilégiez une ou plusieurs activités qui vous plaisent, dans un lieu agréable et avec des personnes avec qui vous vous sentez à l'aise. Si entrer dans une salle de sport affublée d'un legging fluo relève pour vous du supplice (c'est mon cas !), ne vous infligez pas cela. Il existe bien d'autres endroits pour pratiquer, y compris à la maison. Faire de l'exercice, oui, mais toujours dans la bienveillance et la joie !

Je valide !

Pour mon arthrose du genou, mon rhumatologue me fait régulièrement des injections d'acide hyaluronique. J'en perçois vraiment les bienfaits, tant au niveau de l'éradication de la douleur que de la fluidité du mouvement. Je ne sens plus les petits blocages provoqués par l'usure des articulations, consécutifs à ma pratique intensive du sport autrefois. En effet, quand j'étais jeune, je nageais en compétition, je jouais au tennis (j'ai fait beaucoup de tournois pour améliorer mon classement… 15/4 au mieux !) et au basket, sport que nous pratiquions en famille. Mes deux cousines germaines étaient avec moi sur le terrain, pendant que mon oncle nous coachait depuis le banc de touche et que mon grand-père maternel tenait la feuille de match ! J'ai aussi fait de la danse classique et du ski, auquel je me suis mise assidûment à la trentaine, améliorant mon style et mon niveau grâce aux conseils de Pierre, le père de mes enfants. Bref, j'ai aggravé les dégâts sur mes genoux : trop d'efforts les font enfler et le ménisque se balade ! Ces injections pratiquées tous les deux mois me permettent de réenvisager certaines activités, comme le tennis.

Mes petits conseils

En dehors du sport à proprement parler, c'est au quotidien qu'il faut bouger un maximum. Voici quelques idées simples qui, mises bout à bout, peuvent augmenter notre quota « mouvement »... et réduire le temps passé assis !

- Adoptez un chien ! Raoul est mon meilleur coach pour aller marcher tous les jours. Et si je dois courir après lui, c'est parfait pour mon HIIT !

- Pratiquez la NEAT (*Non Exercise Activity Thermogenesis*, ou thermogenèse liée aux activités non sportives), qui englobe toutes les activités non sportives du quotidien (comme marcher, monter l'escalier, faire le ménage, jardiner...) aidant à brûler des calories. Cumulées au fil de la journée, elles permettent de lutter contre le fléau de la sédentarité. Si vous habitez en étage (cinquième pour moi...), montez chez vous à pied – ou au moins quelques niveaux. Gravissez de temps en temps les marches de votre maison deux par deux. Vous allez au travail en transports en commun ? Descendez une station plus tôt !

- Clubs de marche nordique, groupes de longe-côte, associations organisant des sorties vélo... de nombreuses structures existent pour bouger, se dépenser et, bien sûr, tisser des liens sociaux.

- Marchez à reculons ! Une étude a montré que c'était encore plus efficace, tant sur le plan physique que cérébral, car on sollicite davantage le corps et le cerveau pour ne pas tomber. Bon, je vous conseille de faire plutôt ça sur un chemin désert à la campagne... Imaginez un peu que je m'y essaie dans les rues de Paris, je risquerais de me retrouver en couverture d'un magazine people !

- Je n'ai pas encore la joie d'être grand-mère (bien que je m'y prépare mentalement), mais rien de mieux que les petits-enfants pour bouger ! Jouez avec eux, amenez-les au parc, apprenez-leur à faire du vélo ou à nager. Ce sont de beaux moments de transmission, tout en se dépensant.

- Équipez-vous d'un podomètre pour évaluer votre nombre de pas par jour. Votre objectif : 8 000 à 10 000 pas par jour avant 60 ans, 6 000 à 8 000 après[1].

- Dansez ! J'ai hâte d'avoir un peu plus de temps pour suivre des cours de danse de salon. Au-delà de la joie que cela apporte, cette activité fait travailler l'équilibre, la coordination des mouvements et la mémoire. Avez-vous vu ces vidéos de Dinkie Flowers, cette Anglaise centenaire qui pratique la danse depuis ses 3 ans ? Inspirant, non ? En plus, la danse permet aussi de faire de belles rencontres. Avis aux célibataires…

- Si vous avez tendance à vous ennuyer durant l'effort, mettez une musique inspirante ou entraînante… ou bien écoutez un podcast ! Moi, je vous avoue, je préfère le silence ou les bruits de la nature.

- *Sur les chemins noirs* de Sylvain Tesson, *Chemins* d'Axel Kahn : ces livres m'ont donné envie de partir en pèlerinage pour marcher, me reconnecter à la nature et plonger un peu plus au fond de moi. Nous avons la chance d'avoir de très beaux parcours en France, à commencer par les fameux chemins de Compostelle et celui de Stevenson, qui traverse les Cévennes. Les avez-vous arpentés ? Qui sait, peut-être aurons-nous le plaisir de nous y croiser un jour !

1. « Daily steps and all-cause mortality: a meta-analysis of 15 international cohorts », *The Lancet Public Health*, mars 2022.

Se ressourcer dans la nature

L'être humain est étrange, vous ne trouvez pas ? On va parfois chercher très loin des moyens coûteux pour calmer le tumulte de notre esprit et puiser de l'énergie, alors qu'il existe un outil simple, gratuit et à la portée de tous : la nature ! Écouter le chant d'un oiseau, tremper ses pieds dans un courant d'eau glacé, admirer un coucher de soleil... la nature nous invite à savourer le moment présent, une invitation qui sonne comme une urgence alors que les années passent. Voir les fleurs éclore chaque printemps ou un brin d'herbe pousser au milieu du béton nous rappelle aussi que la vie a du sens, jusqu'au dernier souffle.

Un puissant antidépresseur

Avec un père ornithologue qui a fait de la protection de l'environnement le combat de sa vie, j'ai grandi dans la nature. J'ai passé des semaines sur un banc de sable, à dormir dans une cabane sur le banc d'Arguin, un îlot situé entre la dune du Pilat et le Cap Ferret, classé réserve naturelle grâce au travail acharné de mon père. De cette enfance « sauvage », j'ai gardé un besoin vital de nature. Si j'aime l'effervescence de Paris, il faut que je me ressource dans mon petit coin de Normandie. Sur la plage, je peux passer des heures à admirer le spectacle toujours renouvelé des marées montantes et descendantes. Je suis devenue une pro pour prédire la météo, rien qu'en observant les nuages (eh oui, en Normandie aussi on a le droit à de belles journées ensoleillées !). Le must ? Partir en bateau. Personne à l'horizon, rien que la mer et le ciel... Cette immense étendue bleue a un vrai pouvoir tranquillisant, presque hypnotique. Cela semble une

La nature nous invite à savourer le moment présent, une invitation qui sonne comme une urgence alors que les années passent.

évidence, mais il fallait sûrement des études scientifiques pour le démontrer : être en contact avec la nature permet d'améliorer la santé physique et mentale. Faire l'expérience du beau à l'état pur suffit à déclencher la sécrétion d'un cocktail d'hormones du bien-être. La nature constitue aussi un espace d'humanité, où l'on s'ouvre plus facilement à l'autre. Face à un paysage à couper le souffle, en randonnée ou en canoë, n'avez-vous jamais remarqué que l'on sociabilise plus simplement ? Enfin moi, oui !

POUR FINIR DE VOUS CONVAINCRE

L'effet antistress de Dame Nature se mesure physiologiquement, avec une diminution de la fréquence cardiaque, de la pression artérielle et du cortisol (l'hormone du stress). Parallèlement, la nature booste le système immunitaire, aide à améliorer la qualité du sommeil, à calmer les ruminations négatives et à diminuer le risque de dépression et d'anxiété. Elle permet également de s'exposer à la lumière naturelle, puissant vecteur de bien-être, et de faire le plein de vitamine D, dont on manque souvent. D'ailleurs, selon une étude de 2021[1], les personnes de plus de 60 ans vivant en pleine nature et au contact régulier de parcs, de jardins, de la mer ou de lacs artificiels se portent mieux que celles qui ne voient que des paysages urbains.

1. Wu Zhifeng et Ren Yin, « The influence of greenspace characteristics and building configuration on depression in the elderly », *Building and Environment*, 2021.

Mes coins préférés en France

• **La Normandie**, bien sûr, et ses plages qui se transforment au fil des marées et de la météo. À moins de deux heures de Paris, c'est le dépaysement garanti pour le week-end !
• **La Bretagne** qui, de la campagne aux côtes, offre une belle variété de paysages encore peu touchés par le tourisme de masse : falaises, roches escarpées, pinèdes, plages de sable blanc bordées d'une mer azur digne des Caraïbes...
• **Les gorges du Tarn**, à parcourir en canoë.
• **Le canal du Midi**, à descendre entre amis à bord d'une péniche.
• **Les Vosges et le Jura**, avec leurs forêts denses et mystérieuses.
• **La Corse**, qui réunit tant d'ambiances et de paysages différents, et ressemble d'ailleurs beaucoup à la Bretagne, la montagne en plus et l'eau tout aussi turquoise... mais bien plus chaude !

Mes petits conseils

Il y a mille et une façons de profiter de la nature. Même en ville, c'est possible ! Le plus important : ouvrir ses cinq sens, rester curieux... et garder son âme d'enfant. Rappelez-vous quand, plus jeune, vous passiez des heures à observer une fourmilière. Voici quelques idées !

• Marchez sur la plage pour profiter de l'air chargé en ions négatifs marins, qui favorisent la production de sérotonine. Mettez les pieds dans l'eau, même froide : rien de mieux pour la circulation sanguine. Retroussez le bas de votre pantalon et amusez-vous avec le va-et-vient des vagues.

• Inutile d'aller au bout du monde : en France, nous avons la chance d'avoir une grande diversité de paysages. Parmi les vendeurs d'*Affaire conclue*, j'en ai beaucoup vu investir, à leur retraite, dans un camping-car. J'adore l'idée de sillonner la France en toute liberté !

- Faites entrer la nature dans votre intérieur, avec des plantes ou de la déco (un canapé vert, un papier peint panoramique esprit *jungle*, des objets déco en rotin…). Des images de nature suffiraient à apaiser.

- Profitez de belles balades en forêt. Au Japon, cela a un nom : le *shirin-yoku*, ou bain de forêt, dont les effets thérapeutiques ont été maintes fois démontrés. Le secret réside notamment dans les phytoncides, des composés chimiques produits par des plantes qui auraient le pouvoir d'abaisser la fréquence cardiaque, de booster la sécrétion de DHEA (une hormone antivieillissement) et le développement de lymphocytes NK (*Natural Killer*), des cellules essentielles à notre système immunitaire.

- Éveillez vos sens… et laissez votre smartphone dans votre poche ou, encore mieux, à la maison ! Pour bénéficier pleinement du contact avec la nature, il faut en effet s'y immerger complètement et avoir ses cinq sens en éveil. Ouvrez les yeux, tendez l'oreille, touchez l'écorce de l'arbre, humez les embruns, régalez-vous d'une mûre cueillie sur l'arbre…

- Un balcon, un carré potager ou pourquoi pas un jardin partagé : profitez du moindre bout de verdure pour jardiner. Cette activité pousse à sortir, à être actif et à prendre soin du vivant. Jardinez sans gant (vérifiez quand même votre rappel antitétanique !) : la terre contient une bactérie, *Mycobacterium vaccae*, qui active la sécrétion de sérotonine. Le jardinage est aussi excellent pour stimuler le cerveau : on trouve d'ailleurs de plus en plus de « jardins thérapeutiques » dans les hôpitaux ou les Ehpad. Enfin, avoir la main verte booste l'estime de soi. N'est-ce pas une petite fierté de cueillir ses premières fraises ?

Préserver son sommeil

Dormir (et surtout, bien dormir) est l'élixir de jouvence le plus simple et le plus efficace. La nuit, c'est tout un ballet d'hormones qui officie pour œuvrer à la régénération de nos tissus, au nettoyage de notre cerveau, à la protection de notre cœur… Loin d'être du temps perdu, le sommeil est notre meilleure arme anti-âge. Mais s'il nous aide à lutter contre les méfaits du temps, il en subit lui aussi les affres, avec de vraies conséquences sur la santé. Parce qu'il est notre allié longévité, redonnons au sommeil tout le temps et l'attention qu'il mérite !

Le sommeil à l'épreuve de la vie… et du temps

Comme beaucoup d'entre vous, j'ai tendance à ruminer sur l'oreiller. La nuit est un temps redoutable : le réel n'étant pas là pour pondérer nos pensées, les idées folles défilent. Parfois, il m'arrive même d'être réveillée en pleine nuit, prise d'une terrible angoisse… Or, le manque de sommeil ne pardonne pas à l'écran (même si j'ai une excellente maquilleuse !). Après une mauvaise nuit, ça ne manque pas : je broie du noir et je vois systématiquement le verre à moitié vide. Les insomnies à répétition donnent un sacré coup à la santé, et cela ne s'arrange pas avec l'âge et son corollaire, la ménopause ! Plus que la durée, c'est la qualité du sommeil qui est touchée : on met davantage de temps à s'endormir et, une fois le sommeil trouvé, on est réveillée par les sueurs nocturnes, littéralement trempée

2,4

C'est le nombre d'années en plus que les femmes gagnent en cochant les cinq facteurs de qualité du sommeil : durée de sommeil comprise entre sept et huit heures, pas de difficulté à s'endormir ni de réveils nocturnes, pas de somnifères et sensation de bien-être au réveil[1].

---

1. « Low-risk sleep patterns, mortality, and life expectancy at age 30 years: a prospective study of 172,321 U.S. adults », *Journal of the American College of Cardiology*, mars 2023.

dans le lit… quand ce n'est pas le syndrome des jambes sans repos (vous savez, ces « impatiences » dans les jambes) ou l'apnée du sommeil (plus fréquente également avec la ménopause). Résultat : autour de la ménopause, environ une femme sur deux est concernée par un trouble du sommeil. Renouer avec Morphée est donc l'une des priorités pour rester en bonne santé. Pourtant, dans nos vies à cent à l'heure, le sommeil est souvent considéré comme une variable d'ajustement. Stop ! Dormir n'est pas une perte de temps, mais un besoin que l'on se doit de respecter et d'honorer. Je m'en rends compte, car, avec les années, je récupère moins bien. Aussi, j'ai appris à ne pas trop tirer sur la corde. La veille d'un direct, extinction des feux avant 23 heures ! Il m'arrive pour cela de décliner une invitation le soir. Je ne suis pas devenue casanière ; simplement, je m'écoute davantage et j'établis des priorités.

POUR FINIR DE VOUS CONVAINCRE

• Le sommeil est l'allié de notre cerveau, et son manque, un grand accélérateur du vieillissement des neurones. Durant la phase profonde du sommeil, par un phénomène de « marée cérébrale », le cerveau fait le ménage, éliminant les toxines accumulées pendant la journée. Dormir est aussi essentiel pour la mémoire, puisque c'est au repos que le cerveau fait le tri entre les informations à conserver et celles à glisser dans le dossier « Corbeille », libérant de l'espace pour de nouvelles infos.
• Durant le sommeil, la pression artérielle diminue naturellement de 10 à 20 %, tout comme la fréquence cardiaque, donnant un peu de répit aux artères.
• C'est lorsqu'on dort que l'on sécrète l'hormone de croissance (qui décroît avec l'âge), ce qui permet à tous nos tissus de se régénérer.
• On résiste mieux aux infections si l'on dort bien, car cela augmente l'efficacité de certaines cellules de notre système immunitaire.
• Ne pas avoir son quota de sommeil donne faim, particulièrement d'aliments riches en graisses et en sucres. La faute aux hormones (on s'en doute) : le corps sécrète davantage de ghréline (qui ouvre l'appétit) et moins de leptine (l'hormone de la satiété).

Mes petits conseils

- Avant de dormir, je me crée un sas de décompression, surtout après une journée de tournage. Un moment de calme rien qu'à moi, où j'écoute de la musique, je lis… Prière de ne pas déranger !

- Essayez d'éviter les somnifères, qui provoquent une dépendance et sont aussi extrêmement mauvais pour le cerveau. Prendre des benzodiazépines durant plus de trois mois augmenterait de 51 % le risque d'Alzheimer !
Sur les conseils de ma pharmacienne, je privilégie des produits à base de plantes : aubépine et passiflore pour trouver l'endormissement, valériane et eschscholtzia en cas de réveils nocturnes.

- Faites de votre chambre votre cocon. De mon côté, j'ai de gros rideaux occultants pour être dans le noir complet. Bien que je sois frileuse, j'essaie de ne pas dépasser les 19 °C.

- En revanche, ne suivez pas mon exemple avec les écrans : une télévision trône en bonne place dans ma chambre. C'est tellement agréable de regarder un bon film sous la couette ! Je résiste quand même pour ne pas passer trop de temps sur mon smartphone le soir. Bien sûr, mes lunettes sont dotées d'un filtre pour limiter la lumière bleue, qui dérègle la sécrétion de mélatonine.

- L'idéal serait de faire un « dîner de moine », en mangeant assez léger le soir : évitez la viande lourde à digérer ainsi que les plats gras ou en sauce. Privilégiez les aliments riches en tryptophane, une substance qui favorise la sécrétion de sérotonine et de mélatonine : on en trouve dans le poisson, la dinde, la laitue, les pommes de terre, les tomates, les céréales complètes, les œufs, les légumineuses, le soja et les produits laitiers. Pour favoriser son assimilation, il faut l'accompagner de sucres lents : pâtes ou riz complets, lentilles…

- Portez un masque. Pas sur le nez, mais sur les yeux ! Cela améliorerait la vigilance et la mémoire le lendemain[1].

- Je l'ai remarqué : je dors beaucoup mieux si je me suis dépensée physiquement durant la journée. L'activité physique augmente la pression de sommeil, en plus de libérer du stress, grand ennemi de nos nuits. Et c'est encore mieux si l'on fait une activité en plein air, car l'exposition à la lumière naturelle est elle aussi bénéfique au sommeil. En revanche, il vaut mieux éviter toute activité physique intense après 17 heures.

- Lorsque mon esprit commence à s'emballer, j'applique ce conseil de mon médecin : au bout de vingt minutes sans trouver le sommeil, je quitte mon lit et je vais sur mon canapé avec un livre. Smartphone interdit ! Cela permet de casser le schéma « je suis au lit = je ne dors pas ».

- L'autre secret pour faire face à ces ruminations qui empêchent de dormir réside dans notre attitude vis-à-vis de ce flot de pensées. Je dis bien « flot » : il s'agit en effet de ne pas se laisser emporter par le courant ! C'est ce que nous enseigne la méditation : rester sur la berge et observer ses pensées défiler.

- Lorsque l'insomnie s'installe, il peut être judicieux de consulter un médecin spécialiste du sommeil, par exemple dans un centre du sommeil[2]. Cela permettra de déceler une éventuelle pathologie du sommeil, puis de réapprendre à dormir, voire à se sevrer des somnifères le cas échéant.

- Enfin, faire l'amour est le meilleur somnifère naturel qui existe ! Testé et approuvé…

---

1. « Wearing an eye mask during overnight sleep improves episodic learning and alertness », *Sleep,* mars 2023.
2. Annuaire des centres du sommeil sur le site de l'Institut national du sommeil et de la vigilance (INSV) : www.institut-sommeil-vigilance.org.

Prévenir pour mieux guérir

Notre corps est notre véhicule : sans lui, impossible d'avancer et de profiter pleinement de la vie ! Il mérite donc d'être bien entretenu au quotidien, mais aussi d'être « révisé » régulièrement, avec des rendez-vous santé incontournables et différents dépistages à faire. Il faut agir pour préserver cette vie qui est un cadeau. Ne pas se faire dépister n'empêche pas la maladie : c'est, au contraire, lui laisser le temps de se développer.

Le dépistage : des chances de guérison en plus

Le décès de ma mère à 44 ans, après deux années d'un combat épuisant contre un cancer du sein très agressif, m'a très tôt sensibilisée à l'importance de la recherche contre le cancer et l'obligation de prévention. Aussi, quand je suis sollicitée, je n'hésite pas à donner de mon temps (et parfois même de ma personne, comme pour cette campagne où j'ai posé torse nu aux côtés d'autres femmes !). La présentation du Téléthon me pousse également à suivre de près l'avancée de la science, dans tous les domaines. Grâce au progrès de la médecine, et notamment des recherches issues des thérapies géniques et cellulaires (rendues possibles, en partie, grâce aux fonds récoltés par le Téléthon, donc grâce à vous !), le taux de survie après un cancer du sein augmente d'année en année. Aujourd'hui, avec les tests génomiques, on parvient à caractériser les tumeurs et personnaliser les traitements. On a aussi découvert de nouvelles molécules très efficaces, tout en limitant les effets secondaires parfois dévastateurs (j'en sais malheureusement quelque chose...). On ne peut que se réjouir de ces progrès, mais nous avons aussi un grand rôle à jouer dans le dépistage. Plus tôt on détecte la maladie, meilleures sont les chances de la soigner. Et pourtant, en 2021, seule la moitié des Françaises ont participé au programme national de dépistage du cancer du sein. Les raisons d'une telle défection ? La crainte de la douleur lors de la mammographie, mais surtout cette peur existentielle de la maladie et de la mort.

Je valide !

Pour appréhender plus sereinement cette étape du dépistage, je recommande de le faire dans un centre où l'on se sent en confiance et où les professionnels prennent le temps d'expliquer et de rassurer. Dans les centres de sénologie, je trouve le personnel (en général majoritairement féminin) très humain.

Et vous, qu'en pensez-vous ?

J'ai l'intime conviction que si l'on a l'impression de passer à côté de sa vie, cela peut avoir un réel impact sur le corps en provoquant des douleurs, des troubles intestinaux, voire des maladies. Cette prise de conscience est aussi une invitation à être davantage à l'écoute de notre corps qui, avec ses maux, nous envoie un signal d'alerte, en écho à une souffrance plus profonde. Je me souviens notamment de la fois où l'on m'a proposé un superbe projet professionnel, que je ne me sentais alors pas apte à relever. J'ai fini aux urgences pour un terrible mal de ventre. Ce « non » que je ne parvenais pas à dire, c'est mon corps qui l'a crié !

Le cœur des femmes, un organe fragile

On croit les problèmes cardiaques réservés aux hommes, comme s'ils étaient l'apanage des bons vivants. Et pourtant, les maladies cardio-vasculaires sont la première cause de mortalité chez les femmes de plus de 65 ans, tuant chaque jour 200 femmes en France (soit huit fois plus que le cancer du sein !). Avant la ménopause, on bénéficie de l'action protectrice des œstrogènes sur nos artères ; naturellement, cette protection s'efface avec leur disparition. Les femmes sont alors autant exposées que les hommes, si ce n'est plus, car, à âge égal, elles ont davantage de facteurs de risque, dont l'impact sur les artères est plus fort. De plus, elles sont moins bien dépistées, diagnostiquées et prises en charge. Les causes, on les connaît : surpoids, hypercholestérolémie, hypertension, stress, sédentarité, effets secondaires d'une radiothérapie ou d'une chimiothérapie, et bien sûr le tabagisme. Rendez-vous compte : avant 50 ans, plus d'un infarctus sur deux chez la femme est lié au tabac. C'est aussi un facteur de risque majeur d'accident vasculaire cérébral (AVC). Mais loin de moi l'idée de vous culpabiliser : il m'arrive de fumer (je vous l'ai dit, je suis loin d'être un exemple !) et je sais à quel point il est difficile d'arrêter…

Les maladies cardio-vasculaires sont la première cause de mortalité chez les femmes de plus de 65 ans.

Soignez votre sourire !

Se brosser les dents deux fois par jour, utiliser du fil dentaire et aller régulièrement chez son dentiste : c'est le b.a.-ba de la santé dentaire. C'est important non seulement pour avoir de belles dents (et les garder le plus longtemps possible si l'on ne veut pas finir avec un dentier…), mais aussi pour prendre soin de sa santé. Un déséquilibre au niveau des mâchoires (en raison d'une dent non remplacée, par exemple) peut entraîner des maux de tête, des douleurs dans les cervicales et dans le dos. Une carie mal soignée ou une gencive malade est une porte d'entrée pour les bactéries et les toxines, qui peuvent ensuite migrer par le sang jusqu'au cœur. Le risque ? Une endocardite, c'est-à-dire une inflammation de la paroi qui tapisse le cœur. Inutile de préciser que cela peut être très grave !

Le THM pour une ménopause en douceur… et mieux profiter de la vie après !

Avec le docteur **Michel Mouly**, chirurgien, gynécologue et cancérologue à Paris, auteur de ***Ménopause, tout peut changer***[1]

On a entendu tout et son contraire sur le traitement hormonal de la ménopause, ou THM. Dommage, car cette hormonothérapie peut vraiment aider à passer le cap de la ménopause en douceur. Pour en avoir bénéficié, je peux en témoigner ! Le docteur Michel Mouly vous livre ici quelques infos clés pour vous guider.

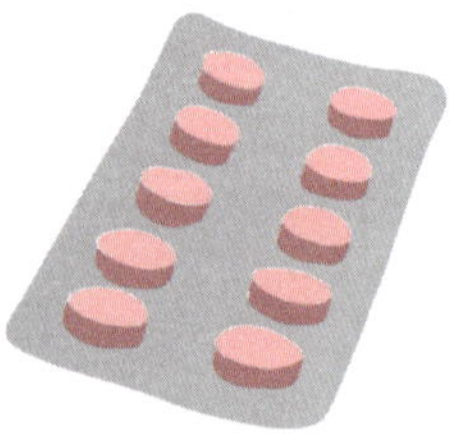

Le THM est-il dangereux ?

Non ! Petit rappel des faits : lancée en 2002, la *Women Health Initiative Study* déclencha un tsunami anti-THM. L'étude fut en effet stoppée en cours de route, cinq ans plus tard, concluant que le traitement œstrogènes/progestérone augmentait les risques de cancer du sein, de maladie coronarienne, d'AVC et d'accident thromboembolique veineux. Rapidement, d'autres études internationales ont montré que ces résultats n'étaient pas valides. Mais le mal était fait : la prescription de THM a chuté et les femmes continuent d'en avoir peur.

1. Robert Laffont, 2022.

Concrètement, quand et comment s'y prendre ?

Déjà, on consulte régulièrement son gynécologue. Mais j'en suis consciente : décrocher un rendez-vous chez un spécialiste (et déjà, en trouver un avec qui le courant passe) relève parfois du parcours du combattant. La preuve : une femme sur trois n'est pas allée chez un gynécologue depuis plus de deux ans. Pourtant, à l'aube de la ménopause, ce suivi est très important pour savoir ce qui nous attend, puis pour se préparer au mieux. Cela commence par un bilan global avec différents points : interrogatoire sur les antécédents personnels et familiaux, examen clinique, échographie de l'appareil génital, mammographie, scanner coronaire en cas de facteur de risque (tabagisme – même ancien –, antécédents familiaux de maladie cardio-vasculaire, hypercholestérolémie, hypertension, surpoids…) et enfin densitométrie osseuse pour évaluer l'état osseux et le risque d'ostéoporose.

Quand faut-il prendre un THM ? Et comment ?

En fonction de ce bilan, un THM pourra être envisagé. Ce traitement relève du cousu main. C'est en premier lieu une question de timing : pour qu'il soit efficace, il faut respecter une « fenêtre d'intervention ». Pris trop tôt ou trop tard, le THM ne sera pas aussi performant, voire augmentera certains risques. Il doit être instauré dès les prémices de la ménopause (ou avant, dans certaines situations) et jamais passé 60 ans ou plus de dix ans après la ménopause, car cela élève le risque de maladie cardiaque ou d'AVC. Retenez qu'il faut consulter dès que les cycles commencent à devenir irréguliers. C'est ensuite une question de bon produit : le THM consiste à apporter des œstrogènes bio-identiques et non équins associés à de la progestérone naturelle pour protéger l'utérus. Enfin, il faut choisir le bon dosage, en fonction du profil de la femme et de ses symptômes. Par exemple, des minidoses suffisent pour venir à bout des bouffées de chaleur, s'il s'agit du seul symptôme à traiter. De même, on choisit la forme galénique (gel, patch ou comprimé) selon la problématique, sachant toutefois qu'il faut privilégier la voie locale à la voie orale afin de préserver le foie.

Et cela résout-il vraiment tous les soucis de la ménopause ?

Une grande partie d'entre eux, oui ! Tous les organes ayant besoin des œstrogènes pour bien fonctionner, le THM est efficace sur de nombreux maux et risques associés à la ménopause. Il permet de venir à bout des sueurs nocturnes, des bouffées de chaleur, de la sécheresse vaginale, de la baisse de libido et des troubles urinaires. De nombreuses études attestent qu'il protège des maladies cardio-vasculaires. En limitant la perte osseuse, c'est aussi le traitement préventif de référence contre l'ostéoporose. Le THM agit par ailleurs sur les douleurs articulaires et les problèmes intestinaux, réduit la survenue des cancers digestifs et divise par deux la mortalité du cancer du sein. Enfin, il est efficace sur les troubles de l'humeur, fréquents durant la périménopause, et peut même limiter les états dépressifs. De quoi passer la ménopause en douceur et mettre toutes les chances de son côté pour être en bonne santé durant les belles décennies qui restent à vivre ! L'hormonothérapie aide en effet à prévenir, mais aussi à déceler des maladies, et ainsi à les prendre en charge au plus tôt, les symptômes de la ménopause étant souvent la partie émergée de l'iceberg. Par exemple, des sueurs nocturnes peuvent cacher une hypoglycémie nocturne silencieuse (prémices d'un diabète), les bouffées de chaleur un risque de maladie cardio-vasculaire et les insomnies, une dépression.

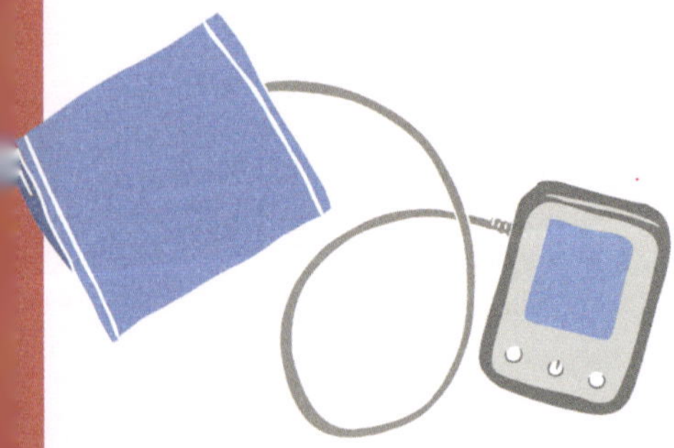

Toutes les femmes peuvent-elles le prendre ?

Non, car il existe des contre-indications formelles : antécédent de cancer du sein ou d'un cancer dépendant des œstrogènes (endomètre, par exemple), hyperplasie de l'endomètre non traitée, saignements vaginaux d'origine indéterminée, antécédents de thrombose veineuse ou artérielle, hypertension artérielle non contrôlée, maladie hépatique active.

Mon petit mémo santé

Rappel des grands rendez-vous à ne pas manquer !

Chez le médecin traitant

Deux fois par an minimum, pour une visite de routine. On contrôle le poids, la taille et la tension artérielle.

Tous les deux ou trois ans (ou plus fréquemment selon votre profil) : bilan sanguin pour doser les globules blancs, les globules rouges et les plaquettes, bilan lipidique (LDL cholestérol, HDL cholestérol, triglycérides), glycémie à jeun, dosage des marqueurs hépatiques pour vérifier le bon fonctionnement du foie, des hormones thyroïdiennes (TSH) et du taux de créatinine pour les reins.

Les vaccins

À 65 ans : rappel du vaccin DTPC (diphtérie, tétanos, poliomyélite, coqueluche).

Tous les ans : vaccin contre la grippe, en cas de maladie chronique sévère et/ou d'obésité, ou bien si l'on est en contact étroit avec une personne fragile. À l'automne 2023, le vaccin contre le Covid-19 est recommandé pour les personnes les plus à risque de forme grave de la maladie, dont celles de plus de 65 ans ou fragiles (maladie cardio-vasculaire, cancer, diabète...). Ces deux vaccins peuvent être réalisés en même temps.

Le contrôle de la vue

Tous les trois ans avant 55 ans (en l'absence de défauts visuels, de pathologie ou de facteur de risque), tous les deux ans entre 55 et 60 ans, puis tous les ans après, notamment pour prévenir le glaucome, la cataracte, la dégénérescence maculaire liée à l'âge (DMLA) et la rétinopathie diabétique.

Un bilan auditif chez l'ORL

Dès que l'on sent que l'on a du mal à suivre une conversation s'il y a du bruit, afin de dépister une presbyacousie (baisse d'audition liée à l'âge). C'est très important, car le déclin cognitif est 30 % plus rapide chez les personnes souffrant de presbyacousie non appareillée. Pour avoir une première idée, on peut se tester avec l'appli Höra, de la Fondation pour l'audition.

La visite chez le dentiste

Une fois par an au minimum, pour un détartrage et un bilan dentaire. Et bien sûr, on consulte au plus vite en cas de douleur ou de gencives qui saignent.

Une consultation chez le cardiologue

À partir de 45 ans, un bilan cardiaque est conseillé. Il est à réaliser tous les ans en cas de facteur de risque (antécédents familiaux de maladie cardio-vasculaire, tabagisme, hypertension artérielle).

Une consultation chez le dermatologue

Recommandée tous les ans pour faire contrôler ses grains de beauté, surtout si l'on en a beaucoup et une peau claire.

Le dépistage du cancer du sein

Tous les deux ans de 50 à 74 ans : une mammographie associée à un examen clinique des seins, et éventuellement une échographie. Il s'agit là du dépistage généralisé, mais, selon les femmes (antécédents familiaux de cancer du sein, kyste...), le suivi peut être adapté. Bien sûr, on consulte en cas de signe anormal ou d'une masse à l'auto-palpation (à réaliser une fois par mois).

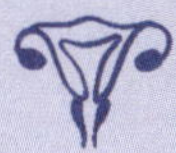

Le dépistage du cancer du col de l'utérus

À partir de 30 ans et jusqu'à 65 ans : un test HPV (sur frottis) trois ans après le dernier examen dont le résultat était normal, puis tous les cinq ans si le test est négatif. À noter : on peut faire ce test chez son gynécologue, son médecin traitant ou une sage-femme.

Le dépistage du cancer colorectal

Tous les deux ans, de 50 ans à 74 ans : un test immunologique à réaliser chez soi pour déceler la présence de sang dans les selles.

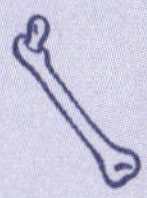

Une ostéodensitométrie

À réaliser dès les premiers signes de la ménopause, pour vérifier la densité osseuse, surtout si l'on a pris des traitements hormonaux ou des corticoïdes au long cours, ou encore si notre mère souffre d'ostéoporose.

Chapitre 2

« La cuisine est la servante
de la médecine. »
Térence

Se choyer avec l'alimentation

Se nourrir... un acte que nous pratiquons de notre premier cri à notre dernier souffle. Un acte fondateur, vital et fédérateur, qui concentre en lui seul de si nombreux enjeux. On se nourrit de nutriments qui pourront, selon leur qualité et leur quantité, fournir au corps des armes pour contrer le processus du vieillissement ou, au contraire, des munitions pour l'accélérer ; nous protéger contre certaines maladies ou, à l'inverse, en faire le lit ; accentuer ou limiter les marques du temps sur notre corps. On se nourrit de plaisir, en mettant tous nos sens en éveil à chaque bouchée. On se nourrit d'émotions et de souvenirs, du fumet d'un plat que notre grand-mère préparait à la reproduction de ces gestes transmis de génération en génération, en passant par l'évocation de cette spécialité goûtée lors d'un voyage mémorable. On se nourrit de liens, à l'occasion de discussions parfois apaisées, parfois enflammées (c'est la vie !), autour de bons mets que l'on aura pris plaisir à préparer avec beaucoup d'amour. Ainsi, ce que l'on mange alimente notre élan vital, tant sur le plan physique que psychique. Pour cela, choisissons avec soin ce que nous mettons dans notre assiette... et ceux avec qui nous la partageons.

Concilier plaisir et santé

Entre s'affamer pour retrouver le *bikini body* de nos 20 ans et se laisser aller, mettant sur le dos de la ménopause tous nos kilos en trop, il existe une voie plus respectueuse du corps, et surtout plus efficace pour bien vieillir. La fonction nutritive de l'alimentation ne doit cependant pas nous faire oublier sa dimension plaisir. Alors, comment jouir des délices de la table tout en limitant les méfaits du temps ?

Écouter son instinct

Je suis une gourmande de la vie... et une gourmande tout court ! J'adore manger, découvrir de nouveaux mets, recevoir mes amis autour de bons petits plats pas toujours healthy, car, en bonne Bordelaise qui se respecte, j'ai été élevée à la graisse de canard ! Manger est une source de plaisir, mais aussi de lien social et de transmission. Grâce à un métabolisme ami, j'ai la chance d'avoir pu profiter assez allègrement des plaisirs de la chère sans trop en payer le prix sur la balance. Il n'empêche : avec les années, je dois faire un peu plus attention, pas tant à cause du poids que de mon énergie et de ma santé. Je suis davantage à l'écoute de mon corps. Cela me rappelle les derniers mois de ma mère. Atteinte d'un cancer très agressif, épuisée par les traitements classiques, elle s'est alors tournée vers des médecines alternatives, et plus particulièrement l'instinctothérapie. Solidaires, nous l'avons accompagnée : à chaque repas, nous disposions toute une variété d'aliments crus sur la table et choisissions ceux qui nous faisaient envie, sur le moment. Bien sûr, c'était dangereux de faire croire à des malades que cette méthode pouvait les guérir (par la suite, le « gourou » qui en était à l'origine a d'ailleurs été condamné). Sans aller jusqu'à cet extrême, évidemment, je pense qu'il est important de s'écouter. Aujourd'hui, je suis naturellement plus attirée par les fruits et les légumes, comme si mon organisme savait qu'avec les années, il avait davantage besoin

> Notre corps possède une intelligence intime. Et si nous l'écoutions un peu plus ?

de certains nutriments. Notre corps possède une intelligence intime. Et si nous l'écoutions un peu plus ? C'est le principe de l'alimentation intuitive : être à l'écoute de son corps pour lui fournir ce dont il a besoin. C'est ce que nous faisions lorsqu'on était enfant, avant que l'éducation (« Finis ton assiette ! »), les émotions et les diktats de la minceur ne viennent dérégler ces mécanismes d'autorégulation naturels. Comment les retrouver ? Avant de manger, on peut se poser ces questions : ai-je vraiment faim ? n'est-ce pas pour combler une émotion ? si oui, laquelle et comment y faire face autrement qu'avec la nourriture ? Et s'il s'agit simplement de gourmandise, je l'honore en savourant chaque bouchée !

Dans mon assiette

- **Mon petit déjeuner :** deux œufs au plat sur une tranche de jambon, du café ou du thé, un jus d'orange frais.
- **Mon déjeuner en plateau :** une viande blanche avec des légumes variés.
- **Ma collation** en cas de petit creux dans la matinée ou au goûter : quelques amandes ou noix pour faire le plein de bon gras et de magnésium.
- **Les plats que je cuisine pour mes intimes :** ma fille Valentine vous livre la recette de quelques-uns des classiques familiaux (voir p. 54-65).
- **Mon petit plaisir sucré :** un carré de bon chocolat noir (au moins 70 % de cacao). Je ne suis pas très dessert, mais je me laisse facilement tenter par un ou deux bonbons (des Krema Batna, si possible…).
- **Toute la journée :** des tisanes ou du thé, car j'ai du mal à boire de l'eau. On m'a aussi conseillé d'agrémenter mon eau de rondelles de citron ou de feuilles de menthe pour l'aromatiser.
- **Mon plaisir iodé :** un beau plateau de fruits de mer, dès que j'en ai l'occasion lors d'une escapade en bord de mer. Coquillages et

crustacés permettent de faire le plein d'iode, utile au bon fonctionnement de la thyroïde. Ils apportent également des oméga-3, du zinc et du sélénium. Et ce, pour peu de calories, à condition de ne pas les noyer sous la mayonnaise !

• **Le dessert de l'été :** une salade de fruits maison, que je pimpe avec un jus d'orange, une pointe de vanille en poudre et quelques feuilles de menthe fraîche. En automne, j'ajoute des grains de grenade : ce sont des petites bombes d'antioxydants ! Et pas de sucre, mais un peu d'alcool : calvados ou armagnac (à consommer avec modération, bien sûr !).

• **Le plat qui ne fait pas toujours l'unanimité :** les abats. Pourtant, bien cuisinés, qu'est-ce qu'ils sont bons ! Dans une bonne brasserie, je me régale d'une belle tranche de foie ou d'un ris de veau. Ils apportent en plus des protéines de bonne qualité, de la vitamine A, du zinc, du sélénium...

La petite ordo nutri

Avec **Stéphanie Rheinart,** diététicienne-nutritionniste et ingénieure en sciences de l'alimentation

Quels sont les besoins spécifiques du corps après 50 ans ? On fait le point !

Des antioxydants pour lutter contre les radicaux libres

Lorsque notre organisme fonctionne, il crée des déchets. Ce sont les radicaux libres, des molécules instables, car il leur manque un électron. Elles vont donc tenter d'en piquer aux autres molécules, ce qui les abîme. Notre corps peut combattre ces radicaux libres, mais, quand il y en a trop, il est dépassé. On parle alors de stress oxydatif, un phénomène qui endommage les cellules saines, les faisant « rouiller » de l'intérieur. Le tabagisme, l'alcool, le stress, la pollution et l'exposition au soleil sont aussi source de stress oxydatif. Principal processus à l'origine du vieillissement, il est impliqué dans de nombreux maux et pathologies : fatigue, douleurs articulaires, maladies cardio-vasculaires ou neurodégénératives, rides... Avec l'âge, nos mécanismes de défense naturels sont moins efficaces, il faut donc compenser en puisant des armes dans l'alimentation. Ce sont les antioxydants : les vitamines A (et leur précurseur, le bêta-carotène), C et E, le zinc, le manganèse et le sélénium, les polyphénols et les flavonoïdes.

Des molécules anti-inflammatoires pour apaiser notre corps

L'inflammation est un mécanisme vital : contre une agression, notre système immunitaire se défend. Mais parfois, les attaques sont si nombreuses, et notre système immunitaire si affaibli par le stress, la sédentarité, le manque de sommeil, que ce mécanisme s'emballe et devient chronique. Cette inflammation « de bas grade » abîme les cellules et les tissus, faisant le lit de nombreux maux : arthrose, fatigue chronique, allergie, diabète, maladie cardio-vasculaire, asthme... Comme pour le stress oxydatif, nos mécanismes de protection anti-inflammatoire perdent en efficacité avec le temps. C'est encore un cercle vicieux : l'inflammation favorise le vieillissement qui, lui-même, favorise l'inflammation ! Une alimentation anti-inflammatoire est importante tant pour prévenir les maladies que pour en diminuer les symptômes (douleurs en cas d'arthrose, par exemple).

Des protéines pour préserver les muscles et rassasier

Pour contrer la fonte de masse musculaire, les besoins en protéines doivent être renforcés. Côté poids, les protéines sont aussi nos alliées : chez la femme ménopausée, en augmenter la consommation tout en pratiquant une activité physique régulière permettrait de brûler plus de calories, tout en diminuant l'appétit.

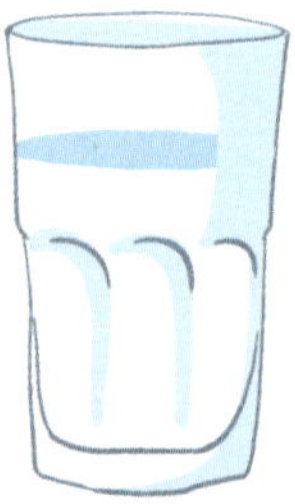

Du calcium pour renforcer les os

Pour limiter l'érosion osseuse et prévenir l'ostéoporose, cap sur le calcium ! Comme les enfants en pleine croissance, nos besoins sont augmentés.

1,5

C'est la quantité minimale d'eau, en litre, dont notre corps a besoin chaque jour. Elle est indispensable pour avoir une belle peau, conserver son énergie et sa concentration, mais aussi prévenir les maladies chroniques (AVC, diabète, insuffisance cardiaque), comme l'a démontré une étude[1].

---

1. « Middle-age high normal serum sodium as a risk factor for accelerated biological aging, chronic diseases, and premature mortality », *eBioMedicine*, janvier 2023.

Mes petits conseils

- Chaque jour, faites le plein d'aliments riches en antioxydants en variant les choix, car chacun présente des bienfaits spécifiques. Il en existe une multitude : tous les fruits et légumes orange (orange, pêche, papaye, carotte, melon, mangue...), les légumes feuilles, les baies et fruits rouges, les choux de toute sorte, le thé vert, le cacao, les épices, les bonnes huiles végétales (olive ou colza), etc. Misez sur une assiette colorée et alternez le cru (qui préserve davantage les nutriments) et le cuit (plus facile à digérer), en privilégiant les cuissons douces.

- Consommez une fois par semaine des petits poissons gras (sardine, maquereau, hareng...) riches en oméga-3, de puissants anti-inflammatoires. On les trouve également dans certains végétaux comme les graines de lin et de chia, les noix ou la roquette.

- Cuisinez avec de bonnes huiles : huile d'olive pour les oméga-9 (également anti-inflammatoires), huiles de colza et de noix pour les oméga-3 (en assaisonnement seulement, car elles ne supportent pas bien la cuisson, contrairement à l'huile d'olive).

- Limitez les aliments riches en oméga-6, qui favorisent l'inflammation : aliments ultra transformés et produits d'animaux nourris au soja et au maïs. Le but : rétablir un bon ratio oméga-3/oméga-6 pour calmer le feu !

- Boostez votre assiette en fibres prébiotiques (poireau, ail, oignon, asperge, banane...) et en probiotiques (yaourt, choucroute, miso, kéfir, pain au levain...) pour nourrir votre microbiote, ces milliards de bactéries amies qui peuplent notre intestin et dont le déséquilibre favorise l'inflammation.

VITAMINES & NUTRIMENTS

Les principales sources

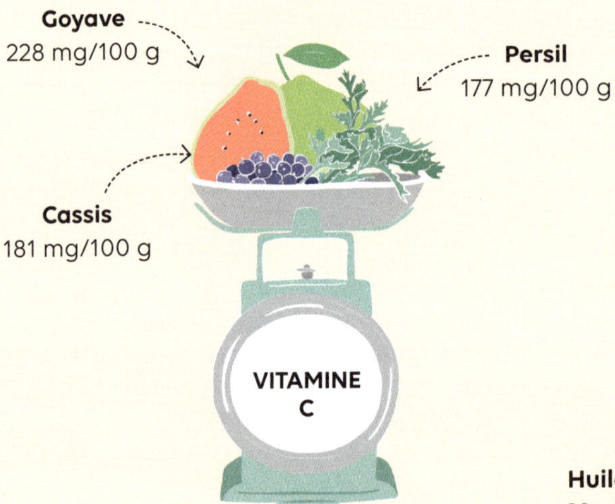

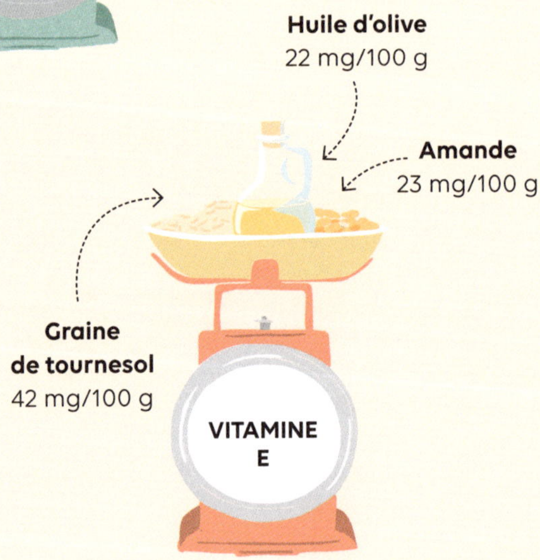

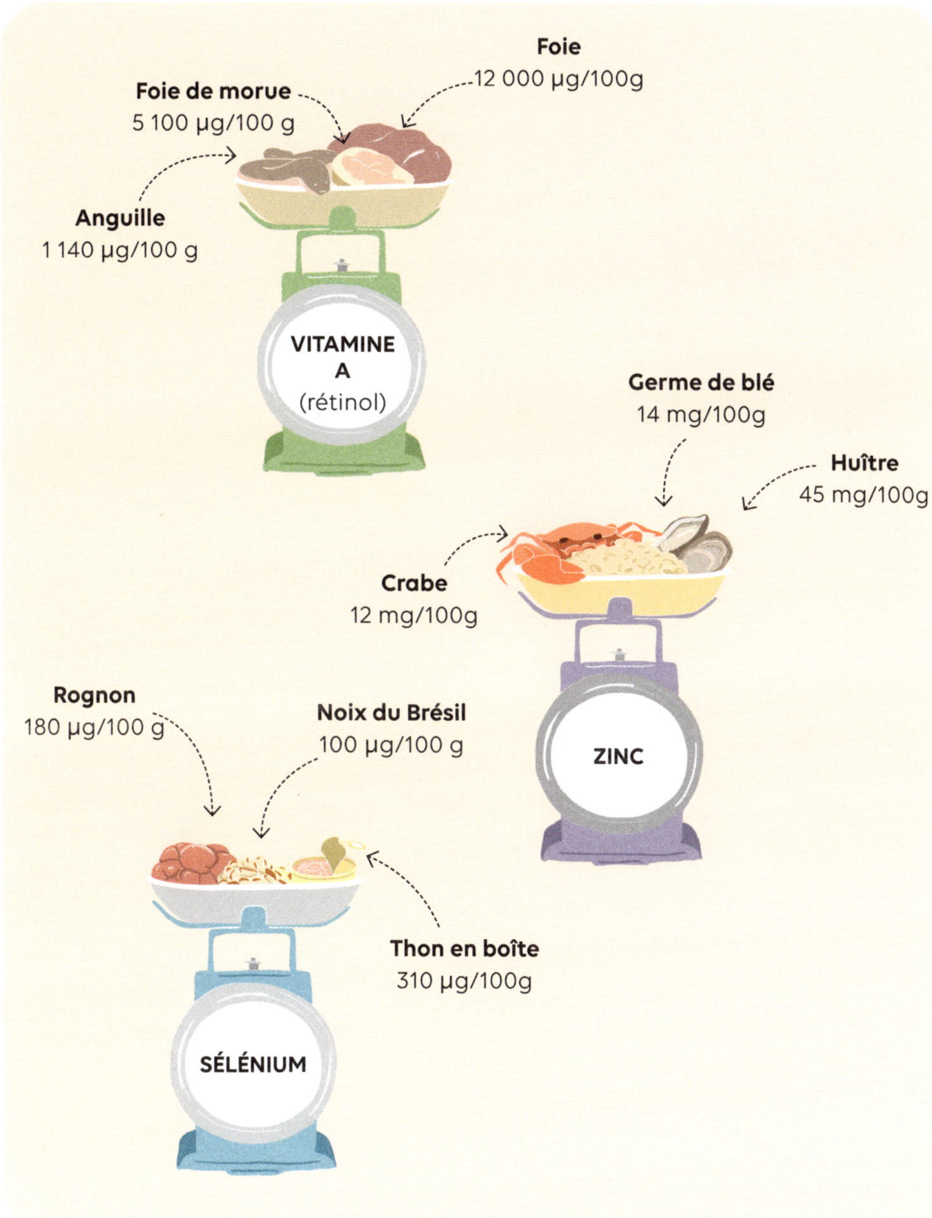
Foie
12 000 µg/100g
Foie de morue
5 100 µg/100 g
Anguille
1 140 µg/100 g
VITAMINE
A
(rétinol)
Germe de blé
14 mg/100g
Huître
45 mg/100g
Crabe
12 mg/100g
ZINC
Rognon
180 µg/100 g
Noix du Brésil
100 µg/100 g
Thon en boîte
310 µg/100g
SÉLÉNIUM

PROTÉINES

Besoins d'une femme après 50 ans :
au moins 1 g par kg et par jour,
soit 65 g si l'on pèse 65 kg.

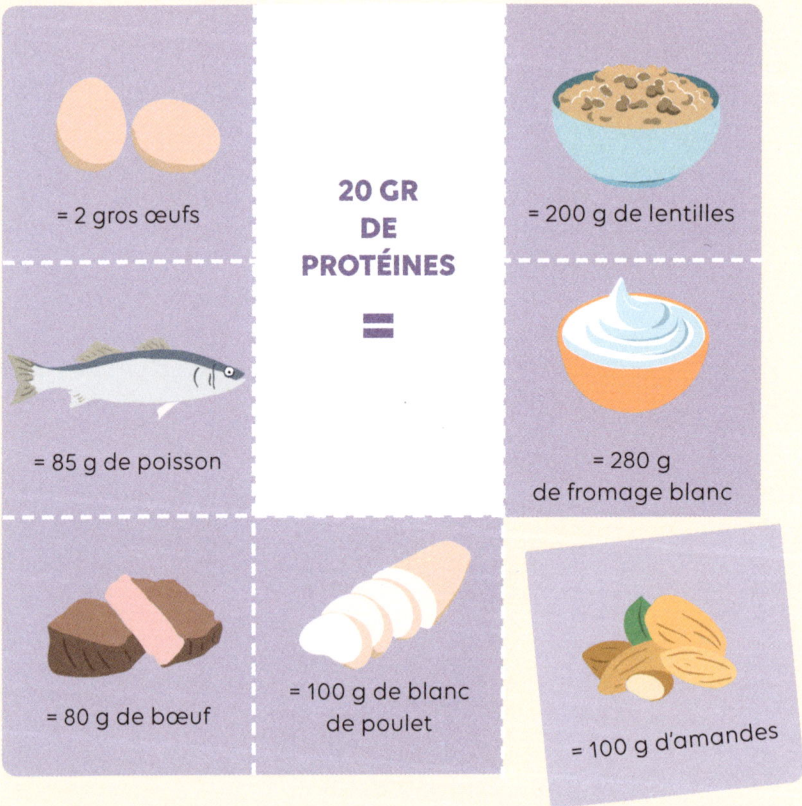

- Incluez des protéines dans chacun de vos repas, y compris au petit déjeuner, en privilégiant les viandes blanches, le poisson, les œufs et les produits laitiers. Limitez la viande rouge (deux fois par semaine maximum), dont la consommation excessive est reconnue comme un facteur de risque de cancer colorectal. Même combat pour la charcuterie : à limiter ! Pensez aux protéines végétales, en faisant quelques repas végétariens durant la semaine.

CALCIUM

Besoins d'une femme après la ménopause :
1 200 mg/jour

- Pour le calcium, cap sur les produits laitiers (trois à quatre par jour) : yaourt nature, fromage blanc, yaourt grec et fromages à base de lait de vache, de chèvre ou de brebis. On y va mollo sur le fromage (une portion par jour), car il est gras et salé : attention au risque d'hypertension avec l'âge ! Pensez également aux autres sources de calcium, qui apportent par ailleurs des nutriments très intéressants (notamment des antioxydants) : tous les choux, les amandes, la roquette, les épinards, les sardines en boîte avec arêtes.

Le régime méditerranéen, un incontournable

Chaque année, on nous invente différents régimes. Le dernier à la mode ? Le régime cétogène, qui ne fait pas du tout envie. Et je ne parle pas des cures monodiètes... et monotones ! On cherche des méthodes compliquées (voire dangereuses) alors que, souvent, la solution est à notre porte et relève avant tout du bon sens. En l'occurrence, en matière de longévité et de santé, le régime méditerranéen a largement fait ses preuves. Ce mode alimentaire, considéré comme le plus sain au monde, aide à préserver le système cardio-vasculaire, réduire le risque de cancer, prévenir le diabète de type 2 et maintenir de bonne humeur. Il tiendrait également à distance les maux liés à l'âge que sont l'ostéoporose, la DMLA ou le déclin cognitif. Côté poids, enfin, une étude grecque a montré qu'il diminuait le risque de surpoids et de graisse abdominale pendant la ménopause, davantage que la restriction calorique. Sa recette est assez simple : beaucoup de fruits et de légumes frais de saison, des céréales (pain, pâtes, riz) complètes, des légumineuses, du poisson gras une à deux fois par semaine, des oléagineux et des huiles de qualité (d'olive, notamment), un peu de fromage de chèvre et de brebis, très peu de viande rouge et de sucres raffinés. Du bon sens, en somme ! Ce même bon sens nous invite également à cuisiner maison avec des produits bruts, afin d'éviter au maximum les produits transformés qui, consommés en grande quantité, accélèrent le vieillissement de nos cellules.

Les indispensables de ma cuisine

- **Une huile d'olive de qualité :** j'ai longtemps profité de mes périples à travers la France pour *Affaire conclue* pour me fournir en bonne huile d'olive (vierge ou vierge extra), bio de préférence.
- **Des épices et aromates :** ils apportent du goût et de la couleur, mais sont également riches en antioxydants et anti-inflammatoires. Le duo curcuma-gingembre est particulièrement efficace.
- **Un bon pain complet au levain :** rien de meilleur qu'une baguette fraîche beurrée... mais niveau santé, ce n'est pas l'idéal, car la farine blanche élève fortement la glycémie !

• **De l'ail :** anti-inflammatoire, antioxydant, antimicrobien, pro-immunité... il en a dans sa gousse, surtout si on le choisit violet ou noir ! À noter qu'il faut le manger cru, dégermé et écrasé pour bénéficier au maximum de ses bienfaits. Ma petite astuce pour se débarrasser de son odeur : se frotter les doigts sur la lame d'un couteau (côté non coupant !), sous un filet d'eau froide. Et pour l'haleine ? Une goutte d'huile essentielle de menthe poivrée sur un peu de mie de pain en fin de repas. Fraîcheur assurée !
• **Des petites graines :** je déteste les aliments mous (j'ai intérêt à bien soigner mes dents...). Dans les yaourts et les potages, j'ajoute des petites graines pour avoir de la mâche. En plus, elles sont très riches en nutriments !

Graines de lin :
des oméga-3 (deux cuillères à soupe suffisent à combler nos apports quotidiens) et des lignanes, des fibres bénéfiques au transit et antioxydantes. À moudre pour profiter de leurs bienfaits.

Graines de courge :
du zinc (8 mg/100 g), un minéral antioxydant indispensable au système immunitaire et à la cicatrisation. Et très protecteur pour la prostate de nos messieurs !

Graines de chia :
des oméga-3 (20 g/100 g) et des fibres (28 %) pour un effet coupe-faim.

Graines de sésame :
du calcium (962 mg/100 g) pour des os solides.

Graines de tournesol :
de la vitamine E antioxydante (26 mg/100 g) et des phytostérols, des molécules végétales anticholestérol.

Superfood, compléments alimentaires… faut-il se laisser tenter ?

Comme moi, vous aimez flâner dans les rayons des parapharmacies et des magasins spécialisés ? Difficile de résister devant ces produits qui nous promettent une belle peau, une mémoire au top et un moral à toute épreuve ! Alors, bonne idée ou pas ?

Superfood : misez plutôt sur la variété

Au lieu d'acheter des baies de goji hors de prix venues du bout du monde, tablez sur un maximum de fruits et légumes locaux et de saison, des épices, des aromates. La variété, c'est la clé pour la santé comme pour le plaisir.

Compléments alimentaires : à bon escient

La priorité est de modifier son alimentation. Dans les aliments, grâce à une synergie particulière (on parle de « matrice alimentaire »), les nutriments interagissent entre eux. La nature est bien faite ! Méfiez-vous des cocktails avec une dizaine de nutriments : les dosages sont souvent insuffisants pour présenter une réelle efficacité. Et n'en prenez pas plusieurs en même temps pour éviter les surdosages et les interactions : en trop grande quantité, certains antioxydants peuvent devenir dangereux. Certains compléments peuvent se révéler nécessaires, surtout avec l'âge, car le corps assimile moins bien. C'est le cas de la vitamine D (indispensable pour fixer le calcium sur les os, l'immunité et les fonctions cognitives), du magnésium (notre allié antistress), du zinc (pour booster le système immunitaire et favoriser la cicatrisation) ou encore des oméga-3. Parlez-en à votre médecin, qui pourra vous prescrire des analyses. Vous pouvez aussi consulter un micronutritionniste, qui s'intéressera à l'état de votre microbiote, très important pour bien assimiler les nutriments. Cela prend un peu de temps et tout n'est pas remboursé, mais ça peut vraiment faire la différence !

Sucres naturels : du sucre quand même !

Je ne vous referai pas la liste des méfaits du sucre, on commence à bien les connaître… Mais il y a un phénomène dont on parle peu et qui finira peut-être par vous convaincre : la glycation. C'est simple : en excès, le sucre « caramélise » les protéines. Au niveau de la peau, les fibres deviennent rigides et fragiles et les rides se creusent. Pour diminuer sa consommation de sucre, on peut être tenté de se tourner vers des alternatives naturelles (miel, stévia, sirop d'agave...), mais cela reste du sucre ! Quant aux édulcorants, ils sont à éviter, car ils entretiennent l'attrait du sucre. Le mieux est encore de se déshabituer du sucre, en compensant le goût avec une pincée de cannelle, une pointe de vanille, un zeste de citron ou une figue mixée. On peut aussi trouver des petites astuces pour se calmer quand une envie « doudou » de sucre survient : écouter de la musique, appeler une amie, respirer profondément...

Et si ce n'était pas (uniquement) la faute de la ménopause ?

À la ménopause, le métabolisme ralentit. Avec la disparition progressive des œstrogènes régulateurs d'appétit, on a davantage faim, alors que l'on brûle moins de calories. La silhouette se modifie : on prend moins sur la culotte de cheval, plus autour du ventre... comme les hommes ! Ajoutons par-dessus un peu de rétention d'eau, normal que l'on ait du mal à rentrer dans son jean fétiche... Mais si la ménopause n'était pas la seule responsable de cette prise de poids ? Cela vaut la peine de s'interroger. Je pense à cette amie qui, malgré tous ses efforts (dans l'assiette comme à la salle de sport), voyait désespérément les kilos s'accumuler. Après une consultation avec un endocrinologue, on lui a diagnostiqué une hypothyroïdie. Il n'est pas toujours évident de faire la part des choses, car les signes évoquant une thyroïde qui tourne au ralenti (fatigue persistante, chute de cheveux, irritabilité, peau sèche, libido en berne) ressemblent beaucoup à ceux de la ménopause. Parfois, c'est une autre hormone qui ne fonctionne plus correctement : l'insuline. C'est l'insulinorésistance, un état de prédiabète dû en grande partie à une alimentation déséquilibrée et à la sédentarité. Fringales, coups de pompe après les repas et irritabilité doivent mettre la puce à l'oreille, encore plus en cas d'antécédents de diabète dans votre famille. Parlez-en à votre médecin afin qu'il vous prescrive des analyses. À ce stade, il est encore possible d'inverser la tendance. Enfin, certains médicaments ou le manque de sommeil peuvent également favoriser la prise de poids.

Les recettes de Valentine

Chez nous, la cuisine est une histoire de famille. Je suis plutôt fière d'avoir transmis ce côté épicurien à ma fille, Valentine, qui adore préparer de bons petits plats pour tout le monde et les partager sur son blog, Sled & Poivre[1]. Fossé des générations oblige, nous avons quelques petites divergences sur certains points culinaires et nutritionnels (disons que sa cuisine est un peu plus *healthy* que la mienne !), mais nous nous retrouvons toujours autour du plaisir de manger ! Je lui laisse la plume pour vous proposer quelques recettes parmi nos classiques familiaux. Bon appétit !

1. Instagram : @sledetpoivre / www.sledetpoivre.com

Ceviche de daurade royale, passion, kiwi et grenade

Nous sommes très friands des carpaccios de poisson à la maison ! Ma mère aime le faire avec du saumon, qu'elle fait mariner dans de l'huile d'olive et du citron, un peu d'oignons nouveaux et des herbes, tout simplement. De mon côté, je vous propose une version à la daurade, un peu sucrée-salée, afin d'allier plaisir et qualités nutritives des fruits !

Pour 4 personnes

- 1 daurade royale levée en filets sans la peau
- 1 fruit de la passion
- 1 kiwi
- ¼ d'oignon rouge
- 1 citron caviar
- 4 c.à.s d'huile d'olive
- 1 grenade
- Quelques feuilles de coriandre
- Fleur de sel et poivre du moulin

Lever les filets de la daurade et retirer la peau (vous pouvez demander à votre poissonnier de le faire pour vous). Tailler dans les filets de fines tranches en biseau, d'une épaisseur de 2 mm environ. Les disposer dans une grande assiette.

Préparer la marinade : vider dans un bol le contenu d'un fruit de la passion, ajouter un kiwi taillé en brunoise, un quart d'oignon rouge ciselé et les billes d'un citron caviar (une espèce d'agrume originaire du nord de l'Australie). Ajouter l'huile d'olive et mélanger jusqu'à obtenir une vinaigrette homogène.

Verser la marinade sur le poisson, saler et poivrer. Recouvrir l'assiette de film alimentaire et laisser reposer au réfrigérateur pendant 30 minutes.

Au moment de servir, ajouter quelques feuilles de coriandre, des graines de grenade et des lamelles d'oignon rouge.

> La grenade et le fruit de la passion sont bourrés d'antioxydants, le kiwi est riche en vitamines C et E et l'oignon rouge, servi cru, est plein de minéraux et d'antioxydants grâce à l'anthocyanine, qui lui donne sa couleur rouge. Pour couronner le tout, la daurade est un poisson à fort taux de protéines et source d'acides gras essentiels, bénéfiques pour la santé cardio-vasculaire et la prévention de la DMLA.

Poireaux mimosa

À la maison, chacun sa version ! C'est surtout la cuisson des œufs qui fait débat. Personnellement, je les aime quand le jaune est encore un peu crémeux (9 minutes de cuisson), tandis que ma mère, elle, les préfère durs, archi durs (15 minutes de cuisson) ! À vous de faire votre choix !

Pour 4 personnes

- 3 poireaux
- 4 œufs
- 1 échalote
- 1 c.à.c. de moutarde à l'ancienne
- 1 c.à.c. de moutarde de Dijon
- 1 c.à.s. de vinaigre de vin
- 1 c.à.c. de miel
- 5 c.à.s. d'huile de colza
- Fleur de sel et poivre du moulin

Retirer l'extrémité du vert des poireaux, ainsi que la couche extérieure. Les rincer à l'eau froide. Couper des tronçons longs d'une dizaine de centimètres. Faire chauffer une grande casserole d'eau salée et les plonger une fois l'ébullition atteinte, pour 30 minutes de cuisson (je les aime bien fondants). Égoutter et laisser refroidir dans une passoire.

Disposer les œufs dans une casserole d'eau froide salée, et la mettre à chauffer. Une fois l'ébullition atteinte, compter 9 minutes de cuisson. Passer les œufs sous l'eau froide, puis les écaler.

Préparer la vinaigrette : ciseler l'échalote, verser le tout dans un bol. Ajouter la moutarde à l'ancienne et la moutarde de Dijon, le vinaigre de vin, le miel et l'huile de colza. Bien remuer jusqu'à obtenir un mélange homogène.

Pour dresser, couper les tronçons de poireaux en deux et les disposer dans un plat en rosace, hacher les œufs finement et les disposer sur le dessus, finir par la vinaigrette aux échalotes, un peu de fleur de sel et quelques tours de moulin à poivre.

L'huile de colza est antioxydante et riche en oméga-3 et vitamine E. Privilégiez-la pour vos assaisonnements. L'œuf présente des protéines intéressantes, car il contient les huit acides aminés essentiels. Et contrairement aux idées reçues, il ne fait pas monter le cholestérol ! Riche en fibres, le poireau favorise un bon transit. C'est aussi un excellent prébiotique.

Salade de pois chiches, feta, menthe et poivrons marinés

Ici, je vous propose une alternative aux protéines animales avec le pois chiche, qui appartient à la famille des légumineuses. En plus d'être très nourrissant, il peut se manger chaud ou froid, en salade, comme dans cette version parfaite pour les déjeuners d'été qui s'étirent sous le parasol.

Pour 4 personnes

- 300 g de pois chiches crus
- ½ botte de menthe fraîche
- 1 poivron rouge
- 1 poivron jaune
- 1 oignon rouge
- 150 g de feta
- 10 c.à.s. d'huile d'olive
- 1 citron vert
- 1 c.à.s. de miel
- 3 c.à.s. de vinaigre de miel
- Fleur de sel et poivre du moulin

La veille au soir, laisser tremper les pois chiches dans de l'eau froide. Le lendemain, vider l'eau de trempage et faire cuire les pois chiches dans 5 fois leur volume en eau, à découvert, pendant 1 heure à 1 heure 30. Écumer régulièrement. Égoutter et laisser refroidir.

Préchauffer le four à 180 °C. Disposer les deux poivrons entiers sur la lèchefrite et laisser cuire pendant 1 heure. Retirer du four et laisser refroidir. Les couper en deux, retirer la tige, les pépins et la peau. Réserver. Éplucher les pois chiches à la main, et les disposer dans un grand saladier. Tailler les poivrons en lamelles, découper la feta en cubes et les oignons en fines tranches, tailler la menthe et ajouter le tout à la préparation.

Préparer la vinaigrette : verser le vinaigre de miel, le miel, l'huile d'olive et presser le citron vert dans un bol. Bien remuer, en ajoutant un peu de fleur de sel et du poivre. Juste avant de servir, verser la vinaigrette dans la salade et bien remuer.

Le pois chiche permet de faire le plein de protéines végétales, de calcium et de vitamine B9, importante pour le cerveau. Son eau de cuisson, appelée aquafaba, est elle aussi bourrée de protéines, et peut se monter en neige pour remplacer le blanc d'œuf en pâtisserie. En plus de ses belles couleurs, le poivron vient apporter des vitamines, des fibres et des antioxydants, pour un minimum de calories !

Rillettes de maquereau légères à l'estragon

—

C'est LA recette de placard par excellence ! En cas de soirée improvisée, gardez toujours une boîte de conserve de filets de maquereaux au naturel (en vérifiant la qualité et l'origine du produit, bien évidemment) pour réaliser cette recette en 5 minutes chrono et, surtout, faire plaisir à vos invités... sans s'inquiéter des calories !

Pour 4 personnes

- 1 boîte de filets de maquereaux au naturel en conserve
- 1 échalote
- ½ botte d'estragon frais
- quelques brins de ciboulette
- 1 c.à.s. de skyr
- 1 c.à.s. d'huile d'olive
- 2 c.à.c. de moutarde à l'ancienne
- Fleur de sel et poivre du moulin

Ouvrir la conserve, vider l'eau, disposer les filets de maquereaux dans un bol et les émietter à la fourchette.

Ciseler finement l'échalote, l'estragon et la ciboulette, puis les ajouter à la chair de poisson.

Ajouter le skyr et l'huile d'olive, bien mélanger. Finir par la moutarde à l'ancienne, un peu de fleur de sel et quelques tours de moulin à poivre.

Ici, on combine les protéines laitières et non grasses du skyr (un yaourt islandais, trois fois plus riche en protéines que le yaourt classique) aux vertus nutritives du maquereau, riche en iode et en oméga-3, donc bon pour la peau, et source de phosphore, idéal pour la santé de nos os et de nos dents ! Pour les poissons gras, privilégiez les petits poissons aux gros prédateurs, qui accumulent les polluants. Vous pouvez donc vous amuser à varier cette recette en utilisant des sardines !

Merlu et pommes de terre au court-bouillon, mayonnaise à l'ail et au persil

—

C'est une recette qui se transmet de génération en génération depuis Mamie Subrenat, mon arrière-grand-mère. La mayonnaise qui l'accompagne est une véritable madeleine de Proust pour ma mère et moi… Et c'est maintenant devenu un plat que l'on reproduit régulièrement à la maison !

Pour 4 personnes

- 2 filets de merlu entiers (avec la peau, pour une meilleure tenue de la chair à la cuisson)
- 10 pommes de terre (à chair ferme de préférence, Charlotte par exemple)
- 1 belle gousse d'ail
- 1 jaune d'œuf
- 1 grosse c.à.s. de moutarde
- 10 cl d'huile de tournesol
- ½ botte de persil plat
- 1 sachet de court-bouillon
- Fleur de sel et poivre du moulin

Porter à ébullition une grande marmite d'eau, puis verser le court-bouillon. Éplucher les pommes de terre et les immerger dans l'eau bouillante, une à une, à l'aide d'une écumoire. Laisser cuire pendant 30 à 45 minutes.

Couper les filets de merlu en 4 à 6 portions. Les déposer dans une passoire fine et plonger la passoire dans la marmite des pommes de terre en l'immergeant complètement. Laisser cuire 10 minutes, puis retirer et laisser refroidir.

Réaliser la mayonnaise : dans un saladier, verser le jaune d'œuf et la moutarde. Commencer à émulsionner avec un fouet. Ajouter en petit filet l'huile de tournesol tout en continuant à remuer, jusqu'à obtenir une belle consistance. Incorporer l'ail et le persil hachés, la fleur de sel et le poivre.

Dans un joli plat, déposer les filets de merlu tièdes au centre et les pommes de terre tout autour (comme chez Mamie !). Servir avec la mayonnaise.

L'ail est riche en fibres prébiotiques et probiotiques. Le merlu (ou colin) est un poisson maigre, riche en protéines, vitamines, phosphore, constituant des os, et sélénium, acteur clé du système immunitaire.

Linguine au saumon fumé

Notre plat du dimanche soir par excellence ! Nous avons pris l'habitude d'avoir toujours un sachet de saumon fumé et un fond de crème fraîche dans le réfrigérateur, en cas de dîners improvisés ou de manque de courage pour faire les courses. Une recette facile, rapide et réconfortante !

Pour 4 personnes

- 4 tranches de saumon fumé
- 500 g de linguine
- 200 g de crème fraîche épaisse
- 150 g de parmesan râpé
- ½ botte d'aneth
- Sel et poivre aux quatre baies

Verser la crème dans une grande poêle, puis la faire chauffer avec le parmesan râpé. Saler légèrement et poivrer abondamment. Parallèlement, faire chauffer une grande marmite d'eau salée.

Une fois l'ébullition atteinte, faire cuire les linguine. Rallonger la sauce avec l'eau de cuisson, tout en remuant régulièrement. Pendant ce temps, tailler les tranches de saumon en cubes et l'aneth finement.

Faire cuire les pâtes *al dente*, puis les retirer de l'eau pour les plonger directement dans la sauce à l'aide d'une cuillère à pâtes. Commencer à remuer tout en ajoutant le saumon et l'aneth. Bien mélanger et allonger avec un peu d'eau de cuisson pour détendre la sauce. Une fois que vous avez atteint la bonne texture, servir dans des assiettes creuses.

Pour rendre cette recette plus « gastronomique », vous pouvez aussi ajouter du saumon frais au dernier moment, qui cuira à peine au moment où vous mélangerez les pâtes. Intéressant pour le goût et le jeu de textures ! Pour lui apporter un petit côté vert, vous pouvez également ajouter des petits pois frais, bonne source de protéines végétales, riches en fibres alimentaires et facilitant le transit intestinal. Ou pourquoi pas des brocolis juste grillés, pleins de composés soufrés qui favorisent la détox !

Moules de bouchot au chorizo

Une recette transmise par François, ancien marin-pêcheur du Cap-Ferret, qui n'a jamais quitté le coin depuis ses 25 ans. Ces moules nous font penser à celles de « Chez Hortense », un restaurant mythique de la Pointe, cuisinées à la chair à saucisse et à l'ail, que l'on aime savourer chaque été depuis que je suis toute petite. Un moment que l'on attend chaque année avec impatience. Cette recette vous plongera dans cette ambiance !

Pour 4 personnes

- 2 kg de moules de bouchot
- 5 oignons
- 1 chorizo fort ou 3 merguez
- 50 cl de crème liquide
- 1 verre de vin blanc
- ½ botte de persil
- Huile d'olive
- Sel et poivre du moulin

Hacher finement les oignons et le chorizo.

Sur une plancha ou dans une grande poêle chaude, verser un bon filet d'huile d'olive. Verser les moules et les remuer avec des spatules pour les ouvrir. Continuer de les remuer pendant 3 minutes pour qu'elles s'imprègnent bien du jus de cuisson, une fois ouvertes, puis les mettre dans un grand saladier.

Faire revenir dans une poêle chaude les oignons avec le chorizo. Saler, poivrer et ajouter le persil haché. Une fois le mélange bien coloré, verser la crème liquide dans la mixture, bien remuer, puis verser le tout sur les moules. Bien remuer l'ensemble et ajouter un grand verre de vin blanc pour allonger un peu la sauce.

Les moules sont riches en oméga-3, en vitamine B12, et sont une excellente source de phosphore, de sélénium et de manganèse (antioxydant). L'iode qu'elles contiennent est indispensable au fonctionnement de la thyroïde. Ne lésinez pas sur les moules : elles sont faibles en calories ! Pour accompagner ce plat, les frites sont tentantes... Dans ce cas, privilégiez une cuisson à la friteuse à air, qui permet d'avoir un résultat aussi satisfaisant tout en étant dix fois moins gras.

Magret de canard laqué au miel et au vinaigre de framboise

Comme ma mère, et sa mère avant elle, nous avons été élevées au magret de canard, en bonnes originaires du Sud-Ouest… Nous l'accompagnons, bien sûr, de pommes de terre à la graisse de canard ! Je vous livre les secrets de la recette de ma mère, qu'elle a choisi de twister avec du vinaigre de framboise pour ajouter une pointe d'acidité.

Pour 4 personnes

- 2 magrets de canard crus
- 3 c.à.s. de miel de fleurs
- Vinaigre de framboise ou balsamique
- Sel et poivre

Avec la pointe d'un couteau, quadriller le gras des magrets. Les déposer dans une poêle à feu très doux pour les dégraisser tout doucement, en vidant le gras au fur et à mesure (penser à bien le réserver si vous voulez faire cuire des pommes de terre à côté !). Une fois obtenue une belle caramélisation du gras, débarrasser.

Une trentaine de minutes avant de passer à table, faire chauffer la poêle à feu vif avec un peu de gras réservé. Faire cuire les magrets côté chair pendant une dizaine de minutes, les retourner quelques secondes côté peau pour leur redonner du croustillant, et débarrasser le tout dans un plat que vous recouvrirez d'aluminium.

Pendant que la viande repose, déglacer avec l'équivalent de 5 c.à.s. de vinaigre de framboise ou balsamique. Ajouter le miel, bien mélanger jusqu'à ce que la sauce soit homogène. Servir les magrets nappés de sauce.

Le vinaigre aide à stimuler la digestion, renouveler la flore intestinale et a tendance à casser le gras. La graisse de canard est plutôt bonne pour la santé, car elle est principalement constituée d'acides gras mono-insaturés… mais elle reste à consommer avec modération ! Le canard possède également une belle teneur en fer.

Mon fondant au chocolat

Voici une recette de placard qui nécessite 10 minutes de préparation montre en main ! Unanimité garantie, encore plus quand on le sert avec une petite boule de glace. Ma recommandation : essayez avec une crème glacée au lait de brebis, qui vient casser le sucre du gâteau avec son acidité si caractéristique.

Pour 6 personnes

- 200 g de chocolat noir dessert
- 150 g de beurre doux
- 3 œufs
- 100 g de sucre
- 3 c.à.s. de farine
- 2 ou 3 pincées de fleur de sel

Préchauffer le four à 180 °C chaleur tournante. Faire fondre le chocolat cassé en carrés avec le beurre coupé en gros morceaux, au micro-ondes ou au bain-marie. Ajouter le sucre et laisser refroidir.

Ajouter les œufs un à un en remuant entre chaque avec un fouet. Ajouter la fleur de sel, en ajustant la quantité selon vos goûts. Saupoudrer la farine en remuant en même temps pour éviter la formation de grumeaux.

Mouler dans de petits moules à cake ou un grand moule à gâteau. Enfourner et compter 10 minutes de cuisson si vous avez utilisé des petits moules, 20 minutes pour un gros moule. Les gâteaux sont tremblotants à la sortie : c'est normal, ils durciront en refroidissant !

J'ai tendance à dessucrer toutes mes pâtisseries, car je ne suis pas une grande fan de sucre. J'ai enlevé les deux tiers des quantités normalement recommandées en sucre et le goût est encore meilleur, car on sent mieux celui du chocolat. Essayez de reproduire cette astuce dans toutes vos pâtisseries : vous verrez que le goût reste le même... pour bien moins de calories !

Mille-feuille minute, caramel au beurre salé

Je n'ai jamais vu ma mère, qui préfère le salé, être en extase devant un dessert… sauf celui-là ! Cette recette, c'est un souvenir de dîner chez Christian Constant, lorsqu'il était chef du Violon d'Ingres, un restaurant étoilé où nous avions pris l'habitude de fêter de grandes occasions. On a essayé de la reproduire à la maison, en version simplifiée… En voici les secrets.

Pour 6 personnes

Pour le mille-feuille :

- 2 pâtes feuilletées pur beurre
- 1 jaune d'œuf pour la dorure
- 50 cl de crème liquide (à au moins 35 % de matière grasse pour qu'elle monte plus facilement)
- 3 c.à.s. de sucre glace

Pour le caramel au beurre salé :

- 80 g de beurre demi-sel
- 160 g de sucre
- 20 cl de crème liquide

Commencer par le caramel au beurre salé. Pour cela, faire chauffer le sucre à sec dans une casserole. Parallèlement, faire chauffer la crème dans une autre casserole. Au bout de 3 ou 4 minutes, le sucre commence à prendre une couleur ambrée. Hors du feu, verser une première partie de la crème tout en remuant vivement, puis ajouter l'autre partie. Finir par faire fondre le beurre dans le caramel. Réserver.

Disposer la pâte feuilletée sur une plaque. Badigeonner de jaune d'œuf, recouvrir de papier sulfurisé et disposer une autre plaque sur le dessus pour éviter que la pâte ne monte à la cuisson. Enfourner pour 25 à 30 minutes à 180 °C. Sortir, retirer la plaque du dessus et laisser refroidir.

Monter la crème. Préalablement, faire refroidir la cuve de votre batteur, le fouet et la crème au réfrigérateur pendant une heure. Sortir le tout, verser la crème dans la cuve et battre doucement, en augmentant la vitesse au fur et à mesure. Quand la crème a doublé de volume, ajouter le sucre glace en remuant à chaque fois. Finir de monter la crème : elle doit former un bec d'oiseau au bout du fouet. Réserver au frais jusqu'au montage.

Monter le mille-feuille. Découper des morceaux de pâte feuilletée, puis déposer un premier morceau dans l'assiette, le garnir de crème et reproduire l'opération trois fois. Verser le caramel au beurre salé encore chaud au dernier moment.

On peut imaginer une version plus *light* de cette recette en réalisant une crème allégée. Pour cela, mélangez la moitié de la quantité de crème montée avec du blanc d'œuf ou de l'aquafaba (voir p. 57) montés en neige. Le résultat est moins gras et plus protéiné ! Pour une version plus estivale, ajoutez quelques fruits rouges. Vous bénéficierez en plus de leur pouvoir antioxydant.

Chapitre 3

« La beauté commence au moment
où vous décidez d'être vous-même. »
Coco Chanel

Vieillir en beauté

La beauté n'a pas d'âge. Bien plus qu'une enveloppe, elle tient à cet équilibre réussi entre ce que l'on a à l'intérieur de soi et ce que l'on renvoie aux autres. De cette harmonie, de ce regard bienveillant que l'on pose sur soi, naissent le rayonnement et le charme. Mais soyons honnêtes : alors que les signes de l'âge apposent petit à petit leurs traces sur notre visage, il peut être plus difficile de rester en bonne amitié avec cette image. Se voir vieillir n'est jamais agréable pour notre ego... Pour dépasser cette atteinte narcissique, il faut un nécessaire travail d'acceptation dont l'une des clés réside dans ce mouvement interne : se tourner vers ce qui est voué à ne jamais faner, à savoir notre beauté et notre jeunesse intérieures. Derrière nos rides se cache toujours un visage d'enfant ! Pour autant, cela n'est pas contradictoire avec le désir de prendre soin de son apparence physique en recourant au vaste arsenal dont nous disposons aujourd'hui pour limiter les signes du temps (produits cosmétiques, maquillage, médecine et chirurgie esthétiques...). L'âge ne doit pas être un prétexte pour se laisser aller, au risque d'accélérer le processus. Prendre soin de son enveloppe est une manière de rendre grâce à la vie, mais aussi de maintenir l'estime de soi et d'éviter l'isolement, deux clés du bien vieillir. Tout est une question de mesure et de motivation profonde. Finalement, se sentir alignée avec soi-même, savourer chaque âge de la vie avec ce qu'il apporte de beau et de nouveau, ne serait-ce pas là le secret de beauté le mieux gardé ?

Faire la paix avec son image

Chaque matin, notre visage nous rappelle les années passées et nos expériences, les belles comme les moins belles. Bien sûr, ce n'est pas agréable, mais avons-nous d'autre choix que de l'accepter ? Cessons de nous regarder (le nombril !) et tournons plutôt ce miroir vers notre intérieur. C'est là que se cache notre véritable fontaine de jouvence. Voyons tout ce que nous avons encore envie de vivre, d'expérimenter, de découvrir. L'âge n'est qu'un nombre : il n'a de réalité que celle qu'on lui donne.

Mon image, mon outil de travail

Ni canon ni bombe, tout au plus « jolie » selon certains… Je n'ai jamais vraiment misé sur mon physique. Par rapport à celles qui ont construit leur identité sur leur capital beauté, vieillir me semble donc un peu plus léger. Et c'est tant mieux ! Mais je fais tout de même un métier d'image : mon apparence est mon outil de travail. J'ai un devoir vis-à-vis de moi, et surtout des autres. J'avoue passer plus de temps qu'à mes débuts sur le fauteuil de ma maquilleuse, qui use du pinceau pour masquer mes cernes, ombrer une paupière qui s'alourdit, redessiner un ovale qui s'affaisse. Sur les réseaux sociaux, au milieu des commentaires bienveillants, il y en a toujours quelques-uns pour souligner mes rides ou, au contraire, pour estimer que je recours à la chirurgie, car je n'assume pas mon âge… Si, comme l'écrit l'anthropologue et sociologue David Le Breton, « le sentiment de vieillir […] est la marque en soi de l'intériorisation du regard de l'autre », autant dire qu'en exerçant un métier d'image, je ne peux pas ignorer mon vieillissement ! Avec le temps, j'ai appris à ne pas prendre ombrage des remarques sur mon physique. Mais cela nécessite un vrai travail sur soi : j'ai dû faire ma

Avec le temps, j'ai appris à ne pas prendre ombrage des remarques sur mon physique.

« révolution narcissique », selon les termes de mon amie Marie de Hennezel (voir son interview p. 165).

Faisons bouger les lignes

Faire sa révolution narcissique sur le plan personnel et intime, oui, mais un autre combat, plus public et plus social, se joue aussi autour de l'âge et de l'image – ou plus exactement de l'âgisme dont sont victimes les femmes (étonnamment, beaucoup moins les hommes...). En tant que personnalité publique, je me sens en effet un certain devoir : celui d'être visible, justement. De rester là, au fil des années. De « durer » dans un monde des médias où l'apparence compte tant. De montrer que, oui, j'ai encore ma place et des projets, que je me remets en question professionnellement en acceptant d'autres challenges, en l'occurrence à la radio, en abandonnant de mon fait la présentation d'une émission culte, *Affaire conclue* ! Loin de moi la prétention de me faire le porte-drapeau de toutes les femmes de la soixantaine, mais j'espère, à mon humble niveau, participer à lever cette cape d'invisibilité qui voile les femmes à partir d'un certain âge dans les médias, le cinéma, la musique... « Après 50 ans, on disparaît ! », déclarait sans équivoque Julie Gayet sur le plateau de *C à vous* en mars 2023. Même constat chez Zabou Breitman, qui déplorait au micro d'Europe 1 que les femmes deviennent, après 50 ans, transparentes aux yeux de la société. Les lignes bougent, bien sûr : des influenceuses « *silver* » investissent petit à petit Instagram, la série *Grace et Frankie* met en scène de fringantes septuagénaires, Andy MacDowell descend les marches de Cannes en arborant une belle chevelure argentée (mais le jour où cela ne fera plus l'objet d'un article signera une véritable avancée)... Il y a encore tant de progrès à accomplir ! À notre échelle, nous avons toutes un rôle à jouer : celui d'être visibles, bien dans notre âge et avides de vivre encore de belles choses.

Soins et maquillage : les bons gestes

Accepter le temps qui passe et en assumer les marques n'empêche pas de prendre soin de soi, en profitant des différents outils à notre disposition. Utilisons-les à bon escient, c'est-à-dire avec des attentes réalistes : ce sont des coups de pouce pour accompagner au mieux les effets du temps (ou, du moins, ne pas les accélérer), mais aussi un moyen de rester en contact et en amour avec notre enveloppe corporelle, voire de se la réapproprier après une vie parfois consacrée à s'occuper des autres.

Ma routine beauté

Au-delà des impératifs inhérents à mon métier d'image, ma coquetterie est aussi le fruit d'un héritage maternel. De ma mère, je tiens le goût de se mettre en valeur, de se coiffer et de se maquiller. Avec les années, j'ai bien sûr fait évoluer ma routine beauté. La ménopause est passée par là, et ma peau « mature » a besoin de davantage de soins. Pour la nourrir et la traiter, je suis une grande adepte des sérums, super concentrés en actifs. C'est à mon avis l'étape indispensable à ajouter dans sa routine dès la quarantaine. Et bien sûr, pas d'impasse sur le démaquillage ! Avec la protection solaire, c'est le geste clé antivieillissement pour favoriser le renouvellement cellulaire et permettre aux soins de bien pénétrer la peau. Je ne suis pas abonnée à un produit ou une marque en particulier ; je butine en fonction des saisons et des besoins de ma peau. Je complète ces gestes quotidiens par des soins plus profonds : un nettoyage de peau chez mon esthéticienne une fois par mois, des peelings aux acides de fruits pour enlever les cellules mortes, de la haute fréquence pour stimuler le collagène et des séances de laser pour éliminer les taches de vieillesse ou la couperose.

Je valide !

Je me fais masser le visage et le corps une fois par semaine, en terminant par une séance de réflexologie plantaire pour rééquilibrer tous les points énergétiques reliés aux organes. J'en constate les bienfaits sur mon énergie, sur la qualité de ma peau et sur les zones graisseuses. Et quel effet relaxant ! C'est un luxe, j'en suis consciente, mais je le vois comme un cadeau que l'on se fait. Quand vous le pouvez, essayez de prendre un petit moment pour vous faire chouchouter et vous reconnecter à votre corps. Si c'est un problème de temps moins que de budget, apprenez parfois à dire non aux autres... pour dire oui à vous-même !

Mais au fait, pourquoi la peau vieillit-elle ?

Voici un petit topo sur les différents mécanismes à l'origine du vieillissement de la peau. Ce n'est pas pour vous démoraliser, mais pour vous faire comprendre comment le prévenir et le corriger. Mon côté pédagogue, sûrement !

Avec l'âge, la peau produit moins de sébum et tend donc à être plus sèche et à se rider plus facilement. Le renouvellement des cellules se fait plus lentement, les fibroblastes produisent moins de collagène et d'élastine (ces fibres qui soutiennent la peau et la rendent souple, épaisse et résistante). Ce processus est accéléré à la ménopause avec la baisse des œstrogènes. La production d'acide hyaluronique, garantissant une bonne hydratation grâce à un effet « éponge », diminue elle aussi. Le stress, une alimentation déséquilibrée (riche en produits transformés, en sucre...), la pollution, l'alcool et l'exposition au soleil génèrent quant à eux des radicaux libres à l'origine d'un vieillissement prématuré. Ils entraînent également un phénomène de micro-inflammation au niveau de la peau : l'inflammaging. Les usines à mélanine réagissent aussi à ces différentes agressions en produisant davantage de ce pigment marron, donnant naissance à des taches brunes. Dernier point de ce petit inventaire peu réjouissant : les tissus graisseux et l'ossature tendent également à s'affiner avec l'âge. Résultat : la peau est moins bien soutenue, les traits se creusent et l'ovale du visage s'affaisse.

Mes actifs anti-âge incontournables

Comme moi, vous êtes parfois perdue face à ces crèmes, sérums et autres lotions qui promettent de gommer nos rides, donner de l'éclat à notre teint et estomper nos taches brunes ? Sur quel cheval miser ? Le mieux reste de se faire conseiller par un dermatologue ou une esthéticienne. À défaut, voici quatre actifs sur lesquels on peut parier sans trop se tromper.

L'acide hyaluronique : pour hydrater et repulper

L'acide hyaluronique est naturellement présent dans la peau, où il retient l'eau, lui assurant hydratation et effet rebondi. Problème : avec l'âge, nous en produisons de moins en moins. D'où l'idée de l'apporter avec des produits cosmétiques. Selon son poids moléculaire, l'acide hyaluronique va avoir différentes actions. De haut poids moléculaire, il reste à la surface de l'épiderme, où il crée une barrière protectrice qui va limiter l'évaporation de l'eau, et hydrate la peau durant vingt-quatre heures. De bas poids moléculaire, il pénètre plus en profondeur et stimule la production de collagène et d'acide hyaluronique. À la clé, un léger comblement des rides et des ridules. Je l'utilise, selon la sécheresse de ma peau, le matin et/ou le soir sous forme de crème, de sérum ou de contour des yeux, seul ou combiné avec d'autres actifs. Je choisis un produit avec des acides hyaluroniques de différents poids moléculaires pour plus d'efficacité. Quand ma peau est particulièrement sèche, j'utilise un masque en tissu à base d'acide hyaluronique. Ce n'est pas le moment de me prendre en photo…

Je choisis un produit avec des acides hyaluroniques de différents poids moléculaires pour plus d'efficacité.

Le rétinol : pour lutter contre tous les signes de l'âge

Actif anti-âge phare, ce dérivé de la vitamine A possède deux grands atouts : il stimule le renouvellement cellulaire de la peau et active la production de collagène et d'élastine. En prime, il protège des agressions extérieures et du stress oxydatif. Un vrai couteau suisse ! Il permet ainsi de lisser les rides, d'améliorer le grain de la peau, d'unifier le teint et d'estomper les taches pigmentaires. Le seul hic ? À cause de son effet exfoliant, il peut être irritant. Son utilisation demande donc quelques précautions. La première : y aller par paliers, tant pour la concentration du produit que la fréquence de son application. On commence à 0,1 ou 0,3 %, puis on monte progressivement jusqu'à 1 %, avec une application un soir sur trois, puis un soir sur deux, et enfin tous les soirs si la peau réagit bien. La seconde : l'utiliser le soir seulement, car il sensibilise la peau. Le lendemain, crème solaire obligatoire ! Personnellement, je réserve son utilisation à l'hiver. Enfin, il faut de la patience : quelques mois sont souvent nécessaires pour des résultats visibles, mais cela vaut la peine !

La vitamine C : pour un coup d'éclat et un teint unifié

Star de nos assiettes, la vitamine C l'est aussi dans nos crèmes grâce à son effet antioxydant, notamment contre les méfaits des rayons UV. Par ailleurs, elle stimule la production de collagène et régule l'excès de mélanine. Elle est souvent associée à la vitamine E, également antioxydante. Son petit talon d'Achille : elle est instable. On la trouve dans des crèmes, sérums et masques sous différentes formes, plus ou moins concentrées. Attention ! Selon la formule (et entre autres son pH), la vitamine C n'est pas toujours bien tolérée. À l'achat, on vérifie s'il s'agit d'un produit pour un usage quotidien ou pour une cure. Personnellement, je l'utilise le matin (protection solaire obligatoire par-dessus), en cure, quand je trouve ma peau fatiguée ou terne. Et pour celles qui seraient tentées : non, mettre des tranches d'orange sur son visage n'a pas le même effet !

On fait attention…

On ne joue pas les apprenties sorcières en mélangeant ces actifs puissants entre eux ! Par exemple, pas de rétinol ou de vitamine C l'un sur l'autre, pas d'acides de fruits le même jour que le rétinol, etc. En cas de doute, demandez conseil.

Les AHA : pour un effet peeling à domicile

Sous ces trois lettres se cachent différents acides de fruits utilisés pour leur effet peeling dans des nettoyants, sérums, lotions ou crèmes. Par leur action chimique, ils éliminent les peaux mortes à la surface de la peau et aident ainsi à affiner le grain de la peau, unifier le teint, lisser les ridules et estomper légèrement les taches pigmentaires. L'acide glycolique se révèle le plus efficace, mais attention aux peaux sensibles ! L'effet exfoliant sera plus ou moins marqué selon la concentration du produit. Je l'utilise en cure, quand ma peau est terne ou épaissie, et plutôt l'hiver. Et le soir seulement, en prenant soin de me protéger du soleil le lendemain. Mieux vaut les éviter l'été !

D'autres actifs intéressants…

- La *Centella asiatica,* une plante à l'action reconnue contre les rides et ridules, tout en étant apaisante et hydratante. Une bonne option pour les peaux matures sensibles.
- La coenzyme Q_{10}, pour un effet anti-âge global.
- Les céramides, pour reconstruire le film lipidique de la peau et la nourrir.
- La niacimide, pour sa polyvalence. Antioxydante, anti-inflammatoire, anti-imperfections et régulatrice de sébum, elle agit également contre les rides et les taches brunes. Intéressant si, en plus des rides, on a des petits boutons (la double peine !).
- La caféine, pour dégonfler le contour des yeux.

Les astuces *make up* de Katarina

Avec **Katarina Anić**, cheffe maquilleuse

Katarina Anić est maquilleuse depuis vingt-cinq ans… dont onze à s'occuper de moi ! Elle connaît les moindres recoins de mon visage (et de ma vie, car les séances poussent forcément à la confidence) ! Katarina se définit comme une « maquilleuse-démaquilleuse » : pour elle, *less is more*, surtout avec l'âge. Je lui laisse la parole pour nous livrer ses astuces *make up*.

Un teint frais

Avec l'âge, on allège ! Un maquillage réussi est un maquillage qui embellit tout en sachant se faire oublier. Le travail du teint commence par les soins apportés à la peau. Nettoyer, hydrater, traiter : c'est la base pour un joli maquillage. Côté fond de teint, on va privilégier les matières légères pour éviter l'effet « plâtré », qui accentue les rides au lieu de les camoufler. On peut ainsi se tourner vers une BB crème, un soin teinté, ou ajouter une pointe de crème à son fond de teint habituel.

Pour estomper les imperfections, on utilise par petites touches des correcteurs d'appoint, comme un correcteur vert sur les rougeurs localisées. La poudre matifiante est à appliquer uniquement sur les zones qui ont tendance à briller. Attention au côté masque, qui risque de figer les zones d'expression ! On veille également à apporter de la lumière avec des réflecteurs ou des touches éclat sur les zones clés, comme le haut de la pommette. Gare au highlighter : l'idée n'est pas de ressembler à une boule à facettes ! Pour finir, une poudre à bronzer peut donner un effet bonne mine, mais on veille à la choisir de la bonne couleur (pas trop foncée), ni trop pailletée ni trop couvrante, et plutôt de texture minérale.

Un regard magnifié

On dit souvent qu'avec l'âge, il faut oublier le khôl, l'eye-liner ou le smoky eye pour ne pas alourdir le regard. Halte à ces diktats, c'est à chaque femme de choisir ! Pour certaines, le trait d'eye-liner est comme une signature, un vêtement qu'elles portent à vie. N'oublions pas que le maquillage reste un jeu : il faut tester et essayer différentes couleurs.

En revanche, un détail n'est pas à négliger : travailler sa ligne de sourcils. Ceux-ci structurent le regard et l'ensemble du visage. Nous appartenons à une génération qui les a beaucoup épilés, si bien qu'ils peuvent être clairsemés. N'hésitez pas à faire appel à une pro pour remodeler vos sourcils ou vous faire conseiller pour les redessiner au crayon. Autre option : le tatouage semi-permanent (*microblading* ou *microshading*), qui permet aujourd'hui un résultat très naturel et réussi. Pour éclairer le regard, on peut apporter une touche de lumière sous la cassure du sourcil.

Pour les cernes, on les estompe avec une texture fluide plutôt qu'un anticerne trop couvrant qui risque d'alourdir le regard. Quant aux poches, inutile de tenter de les masquer (et de les accentuer au passage), il vaut mieux réaliser un petit massage drainant, avec des gestes légers vers l'extérieur, ou bien appliquer du froid, avec un contour de l'œil placé au réfrigérateur ou des compresses imbibées d'eau de bleuet.

Une bouche mise en valeur

Comme pour les yeux, il n'y a pas d'interdit ! On teste les couleurs : on voit immédiatement ce qui nous va ou pas. Si l'on porte son rouge à lèvres rouge comme une seconde peau, il n'y a pas de raison de l'abandonner avec l'âge. Simplement, on adapte. Au fil des années, la bouche a tendance à s'affiner et son contour à se marquer de fines ridules. On veillera donc à bien travailler son contour des lèvres afin que le rouge ne file pas. Pour un résultat fondu et un effet naturel, on utilise un crayon de la couleur des lèvres ou un ton sur ton par rapport au rouge à lèvres.

Mes derniers conseils : avoir une bonne lumière dans sa salle de bains et investir au besoin dans un miroir grossissant ! Oui, cela fait un effet loupe sur les rides et imperfections, mais c'est indispensable pour ne pas se retrouver avec des yeux de panda à cause d'un mascara mal posé. À vous de jouer !

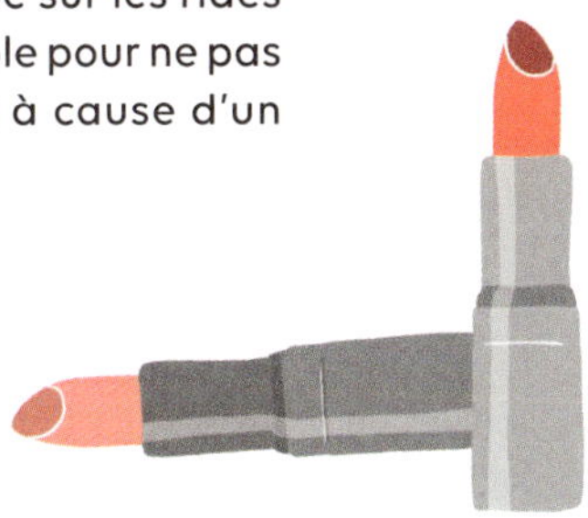

Visage : on le bouge aussi !

Cinquante : c'est le nombre de muscles de notre visage. Un simple sourire n'en sollicite pas moins de 17 ! Et, à l'instar de ceux de notre corps, ces muscles n'échappent pas au phénomène de fonte musculaire. D'où l'intérêt de les renforcer avec une routine régulière. C'est l'objectif du yoga du visage, qui promet des volumes repulpés, un ovale raffermi et une peau retendue. Enfin, il paraît, car, faute de temps, je ne le pratique pas (à la retraite, promis, je m'y mets !).

Voici une petite routine à tester, et à réaliser idéalement tous les jours.

Tonifier le contour de la bouche

1. Mettez vos deux index en crochet dans votre bouche, sur les coins externes. Étirez-les doucement vers l'extérieur et, avec les muscles de votre bouche, tentez de refermer cette pince. Répétez le mouvement une trentaine de fois.

2. Mettez votre main devant votre bouche et pressez vos lèvres dessus, exactement comme si vous faisiez un bisou (un peu appuyé, certes !). Vous devez bien sentir la résistance de votre main contre votre bouche. Répétez une vingtaine de fois.

1

2

Étirer les sillons nasogéniens

1 Placez chaque index sur l'ovale de votre visage, puis remontez-les le long de vos sillons nasogéniens, jusqu'aux ailes du nez. Recommencez une dizaine de fois.

2 Placez les deux index en diagonale de chaque côté de la bouche, en exerçant une petite pression, puis étirez la peau vers l'extérieur, avec un geste vif. Recommencez une dizaine de fois.

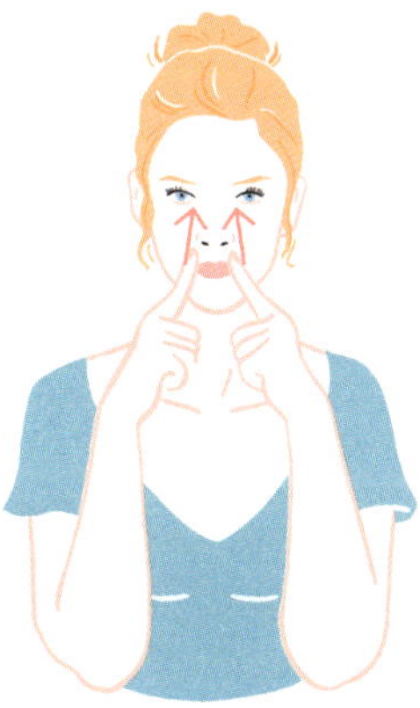

1

2

Redessiner l'ovale du visage

1 Avec le pouce et l'index, prenez en pince l'ovale du visage, puis remontez en exerçant de petites pressions, jusqu'aux oreilles. Recommencez quatre ou cinq fois.

2 Placez l'index et le majeur en crochet sur l'ovale du visage, puis lissez en exerçant une pression, jusqu'aux oreilles. Recommencez quatre ou cinq fois.

1

2

Lisser le front

1 Placez les deux paumes de main sur votre visage, le bout des doigts au niveau des sourcils, 2 puis remontez-les doucement vers le crâne afin de lisser la peau et les muscles. Recommencez cinq fois.

3 Placez deux doigts entre les sourcils. Avec les deux doigts de l'autre main, partez du même point et 4 lissez la peau vers le haut, jusqu'à la racine des cheveux, en faisant une légère virgule au niveau du sourcil. Répétez cinq fois de chaque côté.

1

2

3

4

Éclairer le regard

Avec la pulpe des doigts, faites de légers tapotements sous les yeux, avec des aller-retour entre l'intérieur et l'extérieur. Faites une quinzaine d'aller-retour.

Placez vos index sous vos sourcils et étirez légèrement le haut. Prenez une grande inspiration puis, à l'expiration, fermez les yeux. Vous devez sentir une légère résistance de vos paupières sous vos doigts.

Mes petits conseils

Au quotidien, il y a plein de petits gestes que l'on peut faire pour soigner sa peau et la protéger.

- Jamais sans ma crème solaire ! J'opte pour les fonds de teint avec SPF 30 minimum. Pour une protection renforcée l'été, j'ai testé et approuvé les brumes protectrices SPF 50, à mettre par-dessus le maquillage. En bateau, en revanche, écran total obligatoire ! Sans oublier les mains, où j'ai déjà dû faire brûler quelques taches brunes au laser. Enfin, pour préserver le contour de l'œil, les lunettes de soleil sont indispensables !

- Surtout, ne pas oublier le cou et le décolleté (nettoyage, application de crème, gommage une fois par semaine et protection solaire). La peau y est particulièrement fine et fragile, et l'usage intensif du smartphone a même entraîné ce phénomène de *text neck*, ces « rides du smartphone » qui marquent notre cou.

- Je ne sors jamais sans parfum. J'ai grandi dans le sillage du parfum de ma mère, ambré et vanillé, l'iconique *Shalimar* de Guerlain. À la vingtaine, j'ai été attirée par les notes orientales et épicées d'*Aromatics Elixir* de Clinique. J'ai évolué vers des notes plus sucrées en choisissant les fragrances de Serge Lutens : *Fleur d'oranger* ou le délicieux *Cuir mauresque*. Aujourd'hui, je porte un ambré boisé, *Purple Oud* de chez Dior, qui laisse un sillage délicat, tout en finesse. L'été, je veille à ne pas l'appliquer sur les zones exposées au soleil afin d'éviter l'apparition de taches brunes.

- J'achète mes soins cosmétiques en parapharmacie, où je privilégie les marques de laboratoires. Pour le maquillage, je vais tout simplement au supermarché.

- Régulièrement, je fais une cure de compléments alimentaires pour la peau. Je mise sur des actifs que la peau connaît et reconnaît (acide hyaluronique, oméga-3, collagène) afin de relancer ses mécanismes d'action. Toute une science !

- Brosser à sec le corps, chaque matin : c'est le conseil d'une amie… que je n'applique pas, faute de temps. Rien de mieux pourtant pour éliminer les cellules mortes, booster la circulation sanguine et lymphatique, voire le système immunitaire.

- À défaut de pratiquer le yoga du visage, j'essaie, lorsque j'applique mon sérum, de réaliser un petit massage, de l'intérieur du visage vers l'extérieur, puis du bas vers le haut. On peut aussi utiliser un gua sha (petit outil utilisé en médecine chinoise) ou un rouleau en quartz rose chaque matin pour faire pénétrer son sérum. Encore mieux si on les place au frigo pour un effet rafraîchissant et tonifiant !

- J'adore le lin pour le linge de lit, mais pour la taie d'oreiller, rien de mieux que la soie pour préserver la peau et les fibres capillaires.

POUR FINIR DE VOUS CONVAINCRE

L'aspect de notre visage serait le reflet de notre santé. Plus on paraît jeune, plus on serait résistant à certaines maladies liées à l'âge, selon une récente étude néerlandaise qui a scruté le visage et l'état de santé de 2 600 personnes de plus de 50 ans[1]. Chez celles à qui l'on donne cinq ans de moins, il y a en effet moins de cas d'ostéoporose, de bronchite chronique, de cataracte, ou de perte auditive liée à l'âge. Notre corps est un écosystème : prenons soin de notre intérieur comme de notre extérieur !

1. « Younger facial looks are associate with a lower likelihood of several age-related morbidities in the middle-aged to elderly », *British Journal of Dermatology*, vol. 188, Issue 3, mars 2023.

Médecine et chirurgie esthétiques : à bon escient

Aujourd'hui, de plus en plus de femmes ont recours à la médecine et la chirurgie esthétiques. Ce que nous recherchons ? Un résultat naturel, qui aide à garder l'estime de soi au fil des ans, sans transformer le visage. Cela doit se voir… sans se voir. La preuve d'une intervention réussie ? C'est lorsqu'on nous dit « tu as bonne mine » ou « tu as l'air heureuse ». Libre à chacune de livrer ou non son secret. Personnellement, je ne m'en cache pas ! C'est en assumant soi-même que l'on aide toutes les femmes à assumer.

Des outils pour mieux s'accepter

Tous les six mois environ, j'ai recours à des injections d'acide hyaluronique et de botox pour estomper quelques rides qui me donnent un air triste ou fatigué. Pourquoi pas, si le résultat reste naturel ! Il ne s'agit pas de gommer toutes les rides, ces « sourires gravés » comme l'écrivait si joliment Jules Renard. Nos rides racontent notre histoire, nos rires comme nos chagrins. Les accepter, c'est aussi rendre hommage à tout notre vécu. En revanche, j'ai envie de rester agréable, fraîche et présentable. Bien sûr, il y a certains excès (je ne citerai pas de noms…), mais il ne faut pas condamner tout cet arsenal de techniques qui, bien utilisées, peuvent vraiment aider à faire du bien au mental et préserver son estime de soi. La chirurgie et la médecine esthétiques sont des outils qui permettent de vieillir en beauté, à condition de conserver cette nécessaire distance par rapport à ces tentatives (parfois vaines) de freiner voire d'effacer les outrages du temps. Et de rester lucide quant à ses motivations, pour ne pas se perdre, tomber dans un engrenage… et ne plus se reconnaître dans le miroir.

La médecine et la chirurgie esthétiques pour maintenir l'estime de soi

Avec le docteur **Alexandre Koutsomanis,**
chirurgien esthétique à Paris

« Docteur, je voudrais une injection ici… et là. » Non, ça ne se passe pas comme ça ! Avant toute procédure, une première consultation est indispensable : le médecin observe le grain de peau, les signes de l'âge, l'ovale du visage, en vrai et à l'écran. Il procède à un petit interrogatoire sur l'hygiène de vie (tabagisme, exposition au soleil, alimentation, cosmétiques…). Et, bien sûr, le praticien recueille la demande de sa patiente. Quand elle se regarde dans un miroir, qu'est-ce qui la gêne ? Certaines seront incommodées par leurs sillons nasogéniens, d'autres non. Certaines n'auront aucun souci avec leurs rides du lion, tandis que d'autres feront une fixation dessus ! Il ne s'agit pas d'appliquer des standards figés. C'est du cousu main, selon les souhaits de la patiente… et dans la mesure de ce qui est techniquement (mais aussi éthiquement) possible. Aussi, le médecin se réserve le droit de dire non s'il estime que la demande n'est pas raisonnable. C'est même le signe d'un bon professionnel.

Passons en revue des principales techniques qui peuvent nous aider à nous sentir bien au fil des années.

Le peeling : faire peau neuve

Le peeling chimique consiste à forcer la régénération de la peau et à stimuler la production de fibres élastiques et de collagène grâce à une brûlure (contrôlée et sans danger, bien sûr).

Le peeling superficiel aux acides de fruits resserre les pores et apporte de la luminosité au teint. Parfait si la peau n'est pas encore très marquée et si l'on souhaite un petit coup d'éclat pour deux à trois semaines.

Le peeling moyen à base d'acide trichloracétique (TCA) agit plus efficacement sur les taches brunes et les ridules superficielles. Revers de la médaille, il y a quelques effets secondaires : rougeurs et desquamation les premiers jours, un à sept jours d'éviction sociale et trois mois sans soleil.

Le peeling profond à l'acide phénique entraîne une brûlure du second degré du derme superficiel. On pèle pendant une semaine, puis place à une nouvelle peau. Efficace sur les ridules et les taches pigmentaires, c'est souvent la première étape de l'arsenal anti-âge. Mais s'il apporte un vrai coup d'éclat, il ne parviendra pas à bout des rides plus profondes.

Le laser, un outil multitâche

Le laser consiste, à l'aide d'une lumière amplifiée, à éliminer une partie de la surface de la peau par une brûlure instantanée et contrôlée. Selon le type de laser (CO2, erbium, fractionné ou non), qui agit plus ou moins profondément, on peut traiter les ridules, les pores dilatés, les taches brunes, les cicatrices ou le teint terne. Je n'ai rien trouvé de mieux contre les taches brunes !

Le HIFU : des ultrasons pour les relâchements légers

Cette technique consiste à envoyer des ultrasons dans le derme profond pour créer des microbrûlures et ainsi faire fondre certaines graisses. Avec, en prime, un effet rétractant sur la peau. Il permet un effet lissant en cas de petit relâchement ou de léger double menton.

Les injections d'acide hyaluronique : combler pour repulper et lisser

L'acide hyaluronique est utilisé pour combler les rides, apporter du volume et resculpter le visage. Il peut être injecté pour repulper les lèvres, estomper les rides « code-barres » et de la patte d'oie ainsi que les cernes creux, remonter la queue du sourcil, redessiner l'ovale du visage, rehausser les pommettes, combler les sillons nasogéniens et les plis d'amertume, voire défroisser la peau au niveau du cou et du décolleté. Le résultat est naturel… à condition de s'adresser à un professionnel, bien sûr ! C'est vraiment du travail d'orfèvre. Le hic : les effets s'estompent au bout de six à huit mois.

Les injections de botox : bloquer le muscle

Injectée à très petites doses dans un muscle, la toxine botulique bloque la transmission du signal nerveux à l'origine de la contraction musculaire. En « paralysant » le muscle, on évite ainsi la formation des rides. Le botox peut être injecté au niveau des rides du lion, du front ou autour des yeux pour estomper les fameuses pattes d'oie. Les résultats durent en moyenne six mois. Ils demandent, comme pour l'acide hyaluronique, un vrai doigté. Les visages figés, voire transformés ? C'est la conjonction entre une patiente très demandeuse et un médecin qui ne sait pas dire stop !

La chirurgie des paupières : rajeunir le regard

Une paupière qui tombe : rien de pire pour donner un air triste ! La chirurgie des paupières (ou blépharoplastie supérieure) est la seule solution efficace contre cet excès de graisse ou de peau. Elle peut aussi venir à bout des poches et des cernes (blépharoplastie inférieure). La technique a également beaucoup évolué et permet un regard rajeuni, tout en respectant ces « miroirs de l'âme ».

Le lifting : l'arme anti-âge imparable

Sous anesthésie générale, on réalise de petites incisions dans le cuir chevelu et sur le pourtour de l'oreille afin de décoller la peau puis la retendre. D'autres gestes peuvent être associés : lipostructure du visage en cas de perte de volume, lipoaspiration en cas de surcharge graisseuse, lifting du sourcil pour remonter la queue du sourcil. Cela reste le traitement roi, car il traite à la fois le vieillissement de la peau et celui du masque musculaire, et ce, pour dix ans environ. Est-ce que j'y viendrai un jour ? Il ne faut jamais dire jamais, d'autant que la technique a beaucoup progressé. Finis les visages tirés à l'excès ! Les suites opératoires sont aussi beaucoup moins lourdes.

Mes petits conseils

Sauter le pas de la médecine ou de la chirurgie esthétique n'est pas anodin ! On ne confie pas son visage à n'importe qui...

- C'est une évidence : adressez-vous à un chirurgien esthétique !

- Fiez-vous au bouche-à-oreille. C'est le genre d'adresse que l'on s'échange entre (bonnes) copines.

- Lors de votre premier rendez-vous, observez (discrètement, bien sûr !) les personnes dans la salle d'attente. Leur visage vous paraît-il naturel ? C'est peut-être un indice...

- Si le feeling ne passe pas, si le chirurgien ne prend pas le temps de bien vous expliquer le protocole ou d'écouter votre demande, changez de crèmerie !

Soigner son look

Le style est avant tout l'expression d'un corps en harmonie, mais aussi une affirmation de soi. Un look est comme une déclaration : je sais qui je suis et je compte bien profiter de la vie à fond ! Utilisons la mode comme un outil pour se sentir bien dans ses baskets, sans jamais oublier que tout cela reste un jeu...

Trouver son style

Bien sûr, j'ai commis des erreurs en matière de choix vestimentaires (non, ne ressortez pas les archives !) : trop fashion, coupes tendance qui ne m'allaient pas... Et s'il y a bien un avantage avec l'âge, c'est que l'on se connaît mieux et que l'on sait ce qui nous va... ou pas. Aujourd'hui, je sais qui je suis et j'ai mon style : un mélange de sport-chic, de féminin-masculin et de classique branché. Mes stylistes me concoctent des looks pour les tournages ou les unes de mon magazine *S*, mais en réalité, ma meilleure styliste... c'est moi-même ! Je préfère écouter ma petite voix intérieure et rester fidèle à ce qui me plaît. Hors de question de me déguiser en une autre femme ou de tenter de m'habiller comme une jeune fille pour gagner de l'audience. D'autant que je tends vers plus de simplicité et de confort, avec des coupes sobres et de belles matières. La sobriété est finalement ce qu'il y a de plus élégant. Mes intemporels : les tailleurs masculins (très tendance cette saison !), les chemises bien coupées, un jean brut bien taillé, des pulls en cachemire col bateau, col V ou profond. Ce que je n'aime pas : les imprimés trop bariolés, les tenues trop froufroutantes, les robes qui font trop dadame... et bien sûr, les tenues négligées. Même pour sortir mon fidèle compagnon Raoul, vous ne me verrez jamais en jogging ! Être élégante sans être trop sophistiquée, avec une pointe de fashion : c'est ma patte, mon « parti pris » comme je le répète souvent. La clé, c'est de trouver le maquillage, la coiffure et la tenue dans lesquels on se sent bien, et vraiment soi. Cela sonne alors comme une évidence. Et vous, avez-vous trouvé votre style ? Avez-vous une tenue qui sonne comme une évidence, dans laquelle vous vous sentez belle, à l'aise, et surtout vous-même ?

Ma coupe, ma signature

Plus ou moins courte, avec plus ou moins de mouvements et de volume, mais systématiquement blonde : de mes débuts à la météo à la présentation d'*Affaire conclue*, vous m'avez toujours connue avec cette coupe signature ! Il paraît même que des femmes demandent ma coupe à leur coiffeur. J'en suis plutôt flattée ! Au fil des années et de mon humeur, je varie un peu la longueur, j'ajoute un peu de *wavy* (à la base, j'ai les cheveux très raides !)... Blonde naturelle, j'illumine ma couleur avec des mèches tous les deux mois. Au quotidien, j'entretiens mes cheveux avec le masque Baby Blond de Christophe Robin, pour éliminer les reflets jaunes causés par le chlore de la piscine.

Dans mon dressing

Mon uniforme de tous les jours : un jean bien coupé, un beau pull en laine, des boots *fashion*. Je porte rarement des tenues moins féminines.
Sur un plateau de tournage : je varie les tenues, en gardant un côté sport-chic, pas trop madame ! Avec l'expérience, j'ai compris que trop d'imprimés ne mettait pas forcément le visage en valeur, donc je privilégie la sobriété.
Mon look estival : jean et shorts, chemises d'homme et robes plutôt longues en tissu de maillot de bain. Elles ne se froissent pas et se jettent dans les valises sans prendre de place (la marque espagnole Siyu est géniale pour ça !). Je ne suis pas fan de l'aspect froissé du lin, même si ce tissu ne tient pas chaud...
Pour me mettre sur mon trente-et-un : un beau pantalon noir assorti d'un joli haut, ou une belle combinaison assortie d'accessoires (ceinture, bijoux...) et de chaussures élégantes (à talons si possible !).

Mes petits conseils

Un bon look, ça tient souvent à quelques détails.

- Misez sur de beaux bijoux. Autour du cou, j'affectionne ceux en or discrets, mais j'adore les grosses montres un peu masculines et les bagues de caractère.

- J'aime aussi porter des pierres semi-précieuses en bracelet ou en pendentif. Améthyste, jade, onyx... selon la lithothérapie, elles ont toutes différents « pouvoirs ». On y croit ou on n'y croit pas, mais moi, j'aime ces petits grigris qui sont très tendance.

- N'en déplaise à Cristina Cordula, j'assortis toujours la couleur de ma ceinture à celle de mes chaussures. Habitude héritée du chic bordelais... Mais bien sûr, libre à chacune de faire comme elle veut !

- Veillez à l'équilibre des volumes dans vos tenues. J'adore les pantalons larges, mais comme je ne suis pas grande, je contrebalance avec un pull court.

- Quitte à devoir porter des lunettes, autant les choisir stylées ! J'aime les montures imposantes et je joue sur les verres légèrement teintés pour estomper les rides de la patte d'oie.

- Connaître sa palette en fonction de sa carnation et de sa couleur de cheveux est essentiel pour se mettre en valeur. Comme les pros, faites du *drapping* : placez des vêtements de différentes couleurs sous votre visage (non maquillé) et devant votre miroir. Imparable pour voir les couleurs qui vous illuminent ou, au contraire, plombent votre teint. Personnellement, le bleu marine me sied le mieux.

- Faites du tri ! Depuis quelque temps, en ouvrant mon dressing, je ressens le besoin de me recentrer et d'aller vers l'essentiel. Imaginez : j'ai certains vêtements qui datent de plus de trente ans ! Je m'attellerai à cette tâche (en donnant à des associations) dès que j'aurai un peu de temps. Mais je ne promets pas de devenir comme Marie Kondo... d'autant qu'il paraît que c'est maintenant le bazar chez elle !

Chapitre 4

« Prenons garde que la vieillesse ne nous attache plus de rides à l'esprit qu'au visage. »
Montaigne

Rester curieux et actif

Contrairement à notre enveloppe corporelle, notre esprit n'est pas amené à décliner avec le temps, bien au contraire : il s'enrichit de nos expériences, de nos rencontres et de nos apprentissages. C'est le paradoxe de la vieillesse : alors que le temps s'écoule dans le sablier de notre vie, c'est un nouveau champ des possibles qui s'ouvre. À condition de le vouloir... et de faire tout pour ! Être curieux et rester ouvert à la nouveauté est en effet un choix : il en va de notre responsabilité. À nous d'apporter chaque jour à notre esprit de l'engrais avec de nouvelles connaissances, de la beauté, des émotions, des rencontres ; de cultiver notre soif d'apprendre pour mieux comprendre le monde, les autres et soi-même, quitte à remettre en question ses certitudes et bousculer ses croyances. À ce jeu, l'art est un puissant outil d'ouverture au monde et, dans le même temps, d'introspection. Il a ce pouvoir de nous émouvoir et de nous faire sentir en vie, tout simplement. Accueillir le beau dans sa vie et s'émerveiller avec notre âme d'enfant, c'est aussi cultiver le moment présent. Plutôt que de pleurer sur ce qui n'est plus et avoir peur de ce qui sera, savourons l'ici et le maintenant. Quel meilleur remède aux dangers de l'âge que sont la perte de sens, l'isolement, l'aigreur et la tristesse ?

Solliciter son cerveau

86 milliards de neurones... et moi, et moi, et moi ! Savez-vous que ces neurones doivent être sollicités tous les jours, sinon ils s'ennuient, dépérissent et vieillissent avant l'heure ? Aussi fabuleux et perfectionné soit-il, notre cerveau répond en effet à cette loi assez basique : *use it or lose it*. Traduction : si l'on ne s'en sert pas suffisamment, on le perd ! À l'inverse, plus on le nourrit, plus il développera d'aptitudes et plus il aura soif de découvertes... Un cercle vertueux dont nous sommes les uniques créateurs.

Une insatiable soif d'apprendre

Dans mon métier, mon cerveau est constamment sollicité. Pendant *Affaire conclue*, j'ai appris chaque jour auprès des commissaires-priseurs qui, en plus de leur expertise dans l'histoire des objets et de l'art, ont une incroyable culture générale. Je veillais également à retenir le profil de chaque vendeur afin de créer un lien. Sur le plateau, je devais rester réactive et faire face aux imprévus. Et il y en avait toujours : un objet que je casse devant une vendeuse qui ne parvient pas à masquer sa déception, un quiproquo qui entraîne un fou rire avec un commissaire-priseur, une grosse bourde de ma part en saluant un proche de la personne que j'accueille, qui n'est plus... Autant de situations qui demandent de l'adaptabilité, de la réactivité et parfois de la finesse. Tous les ans, pour le Téléthon, je passe des heures à élaborer des fiches de synthèse sur les recherches en cours et les progrès réalisés dans le domaine des maladies génétiques. Cette soif de découverte m'anime également dans ma vie personnelle. La curiosité n'est pas l'apanage des enfants, et encore moins un vilain défaut ! Cette dynamique liée à l'apprentissage réinjecte de l'énergie et de la joie dans mon quotidien. Et cela va au-delà du plaisir : c'est aussi une question de santé ! Il est aujourd'hui démontré qu'apprendre tout au long

La curiosité n'est pas l'apanage des enfants, et encore moins un vilain défaut !

de sa vie réduit le risque de survenue de la maladie d'Alzheimer et des troubles dégénératifs associés. Or, le danger, c'est de perdre ces sollicitations intellectuelles une fois qu'a sonné l'heure de la retraite. D'où l'importance de rester actif en trouvant une activité, une passion ou un engagement. Le mieux, c'est d'anticiper bien en amont, en se posant ces questions : qu'ai-je envie de faire ? qu'est-ce qui me plaît ? comment pourrais-je contribuer à la société ? Je suis certaine que vous trouverez !

> « Apprendre tout au long de sa vie réduit le risque de survenue de la maladie d'Alzheimer et des troubles dégénératifs associés. »

Et si vous vous testiez ?

Faites-vous ce qu'il faut pour votre cerveau ? Pour le savoir, faites ce petit test en ligne, sur www.moimoncerveau.org. Avec le soutien de docteurs en neurosciences, la Fédération pour la recherche sur le cerveau[1] a créé ce coaching en ligne personnalisé et gratuit, afin de connaître les bonnes pratiques pour prendre soin de votre cerveau.

1. La Fédération pour la recherche sur le cerveau a pour mission, depuis plus de vingt ans, de sensibiliser le grand public et de soutenir la recherche sur les maladies neurologiques et psychiatriques. Elle rassemble plusieurs associations membres représentant les plus grandes pathologies au bénéfice des patients et des familles. Pour la soutenir, rendez-vous sur www.frcneurodon.org.

Le cerveau : un organe dont il faut prendre soin

Avec le docteur **Jean-Antoine Girault**, neurologue et biochimiste, directeur de recherche à l'Inserm

Notre cerveau est-il voué à s'abîmer avec l'âge, ou bien peut-on contrer le phénomène ? Si oui, comment ? J'ai demandé au docteur Jean-Antoine Girault, qui étudie le développement et la plasticité du système nerveux, de nous en dire plus sur ce sujet.

On entend beaucoup parler de « plasticité cérébrale », mais de quoi s'agit-il exactement ?

Ce terme recoupe en réalité différentes spécificités du cerveau. La première, c'est cette capacité du cerveau à récupérer après des lésions, consécutives par exemple à un accident vasculaire cérébral (AVC) ou une tumeur. La seconde, c'est sa capacité à s'adapter et à se développer en réponse à des facteurs d'apprentissage ou environnementaux : comment on stimule son cerveau au quotidien et comment on vit. Dans les deux cas, on observe une plasticité synaptique : les synapses, cette zone de contact entre deux neurones, peuvent modifier leur activité. Les neurones aussi s'adaptent, tout comme les cellules qui les entourent. Enfin, des circuits neuronaux peuvent se modifier et se créer à tout âge de la vie. D'où le terme de plasticité : le cerveau peut se modifier.

On peut donc apprendre à tout âge ?

Les capacités d'apprentissage diminuent naturellement avec l'âge, mais elles ne disparaissent pas pour autant. Et plus on stimule son cerveau, plus on freine ce déclin. Des activités intellectuelles variées (lire, jouer à des jeux, etc.) pour travailler les différentes capacités cognitives permettent de maintenir le cerveau en bonne forme, et même de repousser l'âge d'incidence des démences, à commencer par la maladie d'Alzheimer. Continuer à apprendre de nouvelles choses permet en outre de développer des méthodes qui vont rendre les apprentissages plus faciles. C'est un véritable cercle vertueux, qu'il est important d'entretenir au quotidien et à tout âge.

Que peut-on faire d'autre pour garder notre cerveau « au taquet » le plus longtemps possible ?

Parce qu'il est le siège de notre intelligence, mais aussi de notre pensée et de nos émotions, on a du cerveau une image un peu éthérée, mais il n'en reste pas moins un organe comme les autres. Un organe complexe et merveilleux, certes, mais également très fragile ! Il est établi que l'état de santé du cerveau est intimement lié à la santé cardio-vasculaire. Pour préserver son cerveau, il faut le stimuler, comme on l'a vu, mais aussi avoir une bonne hygiène de vie au quotidien. Cela commence par une activité physique régulière. Rester assis toute la journée est un fléau pour le corps et le système cardio-vasculaire… comme pour le cerveau ! Les études ont clairement démontré les bienfaits d'une activité physique régulière pour limiter ou la démence ou reculer son apparition. Le manque d'interactions sociales et l'isolement sont aussi un vrai danger pour les capacités cognitives. Il est également essentiel de traiter un déficit sensoriel. La perte d'audition, en particulier, est un facteur de risque de déclin cognitif et de troubles neurocognitifs, d'où l'importance de la dépister au plus tôt et de l'appareiller le cas échéant (voir p. 36).

Et du côté de l'alimentation ?

Comme pour le système cardio-vasculaire, le régime méditerranéen (voir p. 50) a démontré ses bienfaits sur le cerveau, avec un effet clair sur l'incidence des démences. L'effet neurotoxique de l'alcool est aussi bien documenté. Les deux tiers des 45-50 ans présentant des signes de démence ont une consommation élevée d'alcool. Le tabagisme vient lui aussi augmenter le risque de démence, en grande partie en raison d'une atteinte des petits vaisseaux du cerveau. À cet égard, il est important de détecter une hypertension artérielle et de la traiter, *a fortiori* chez les femmes, plus exposées au risque cardio-vasculaire après la ménopause. J'ajouterai enfin le rôle de la nature, dont la proximité diminue l'incidence de certaines maladies psychiatriques. En résumé, nos sérums de jouvence sont assez simples : une bonne alimentation, des relations sociales, une activité physique régulière, la soif d'apprendre à tout âge, le contact avec la nature. Ces bonnes habitudes ont des bénéfices à la fois sur notre espérance de vie et sur la santé de notre cerveau.

Dans ma bibliothèque

• **Les grands classiques,** bien sûr : Balzac, Colette, Sand, Hugo, Maupassant, Austen, Camus... sans oublier les pièces de théâtre du génialissime et visionnaire Molière !

• Je suis à l'affût **des dernières sorties** et me plonge en général dans des livres qui m'interrogent sur l'existence, comme les histoires chorales de mes amies Katherine Pancol et Valérie Perrin (*Changer l'eau des fleurs*). J'ai récemment découvert une jeune autrice, Mélissa Da Costa, dont j'ai aimé *Bleu du ciel* et *Les Femmes du bout du monde*.

• J'aime aussi en apprendre plus sur **l'histoire ou la géopolitique**, avec des fictions inspirées de la réalité qui nous informent sur les grands enjeux du monde et ceux qui nous gouvernent. Je me suis par exemple régalée avec *Le Mage du Kremlin*, excellent roman de Giuliano da Empoli.

• **Au rayon poésie,** j'ai une affection particulière pour Christian Bobin, tout spécialement ses écrits autour du deuil. Et je lis toujours avec plaisir les vers de Prévert, Baudelaire, Verlaine et Hugo, bien sûr.

• J'aime me plonger dans **les biographies** de personnes que j'admire, et qui me tendent un miroir : Simone Signoret, Simone Veil, Daphné du Maurier, Carl Jung. J'aime aussi les ouvrages de Stefan Zweig sur Freud et Nietzsche.

• **Sur ma table de chevet en ce moment :** *Une nuit particulière*, de Grégoire Delcourt. Et bien sûr, mon manuscrit en cours !

• **Mes derniers coups de cœur :** *Le Défi de Jérusalem* d'Éric-Emmanuel Schmitt, *Confessions d'un hétérosexuel légèrement dépassé* de Frédéric Beigbeder, *S'adapter* de Clara Dupont-Monot, *Les Quatre Vies d'un amour* de Mathieu Térence, *Rien ne nous séparera* de Thierry Cohen.

• **Mes magazines favoris** : les numéros spéciaux du *Point*, de *Paris Match* ou de *L'Obs*. Je les achète en fonction des sujets.

Et vous, quels sont vos livres du moment et votre dernier coup de cœur ?

Le numérique ? À bon escient !

Êtes-vous team technophobe ou geek ? Personnellement, je fais plutôt partie de la première catégorie ! Mais je le reconnais : les outils numériques ont du bon. Sur le plan administratif, ils facilitent la vie et font gagner du temps… si l'on sait s'en servir ! C'est un fait : faire sa « révolution numérique » est aujourd'hui quasiment indispensable pour préserver son autonomie et ne pas se sentir totalement dépassé. Sur le plan humain, ces outils peuvent aider à rester en lien : on partage des photos avec sa famille, on fait une visio avec ses petits-enfants qui habitent loin, etc. Internet est aussi une merveilleuse fenêtre sur le monde. Moi qui ai fait mes études de journalisme et mes débuts à la télé alors que l'idée même d'Internet n'était encore qu'une lubie futuriste, je mesure cette chance d'avoir toutes ces informations à portée de clic… même s'il faut bien vérifier ses sources (premier réflexe de tout bon journaliste !). Bien sûr, le numérique a aussi ses écueils. À force de se servir de son smartphone comme d'un pense-bête à l'aide de captures d'écran, de photos ou de notes, ou encore d'utiliser son GPS au moindre déplacement, on finit par solliciter beaucoup moins ses neurones. En déléguant ainsi la fonction « radar » de notre cerveau, il devient forcément beaucoup moins alerte… Et je ne parle pas de ces écrans qui accaparent toute notre attention en famille, entre amis, en couple (même lors d'un dîner en tête à tête au restaurant, avez-vous remarqué ?), et finissent par prendre le pas sur le contact humain, le vrai, celui qui nous maintient en vie. Comme toujours, tout est question d'équilibre et de bon usage.

50 %

C'est le pourcentage de risque en moins de développer une démence chez les personnes utilisant quotidiennement Internet (au moins deux heures par jour) d'après une étude rassemblant plus de 18 000 séniors de 50 à 65 ans[1].

1. « Internet usage and the prospective risk of dementia: A population-based cohort study », *Journal of the American Geriatrics Society*, 2023.

Mes petits conseils

Au quotidien, une multitude de petits gestes peuvent jouer ce rôle d'« engrais » cérébral, indispensable pour que notre esprit ne se fane pas comme une pauvre plante que l'on aurait oublié d'arroser !

- Mots croisés, Scrabble, sudoku, échecs, bridge... ces activités sont très intéressantes pour stimuler le cerveau. Jouer régulièrement à des jeux de lettres ou de chiffres permettrait d'avoir des fonctions cognitives dignes d'un cerveau huit à dix ans plus jeune[1] ! Si vous vous adonnez seulement au sudoku, essayez de varier un peu, nos neurones ont besoin d'être sollicités différemment.

- Lisez ! Cette activité apparemment simple est l'un des meilleurs stimulants du cerveau, car elle sollicite le langage, la mémoire, la vue, l'imagination... Et quel plaisir de se plonger dans des romans passionnants, des récits historiques ou des essais qui font réfléchir ! Quant aux magazines, ils permettent de rester en phase avec le monde. Petit conseil : profitez des offres d'abonnement, c'est très intéressant. Pour les livres, pensez à la bibliothèque : elle n'est pas réservée qu'aux étudiants ! Vous pouvez aussi, tout simplement, errer dans les librairies à la recherche de l'inspiration. De temps en temps, essayez de lire à voix haute, par exemple avec vos petits-enfants. Cela active d'autres circuits cérébraux. On peut également opter pour une lecture active, en soulignant certains passages ou en les recopiant dans un petit carnet. C'est un très bon exercice pour la mémoire, et cela permet de garder des traces de ces lectures qui sont des outils clés pour une meilleure connaissance de soi. Pour ma part, je me sers de l'application Notes de mon smartphone pour noter des citations qui m'inspirent ou les livres, films et séries dont on me parle à longueur de journée. Je l'utilise comme une sorte de béquille mémorielle !

---

1. « The relationship between the frequency of number-puzzle use and baseline cognitive function in a large online sample of adults aged 50 and over », *International Journal of Geriatric Psychiatry*, 2019.

- Jouez avec vos petits-enfants ! C'est une excellente façon de stimuler son cerveau en créant du lien intergénérationnel. Personnellement, je n'ai jamais beaucoup joué à des jeux de société (parfois aux dames, au Scrabble ou au tarot), je préférais les activités de plein air. Avec mes grands-parents maternels, directeurs d'école, je faisais plutôt mes devoirs (pratique, car je les ai aussi eus comme instituteurs) ! Ils passaient beaucoup de temps avec moi et me lisaient des livres, me racontaient des histoires ou m'entraînaient au sport. Je traînais des heures dans les jupes de ma grand-mère paternelle, qui était commerçante et très bavarde avec ses clients. J'écoutais les conversations, me projetais dans ce que j'entendais, découvrais les aléas de la vie (je ne comprenais pas toujours tout...), ce qui, je crois, m'a donné le goût des autres et l'envie de les écouter... J'allais en forêt avec eux, le dimanche, pour ramasser des champignons. Ils m'ont beaucoup appris sur la nature, la cuisine et l'art de bien vivre. Mon grand-père paternel cultivait son potager et, là encore, je restais des heures avec lui à échanger sur tout et rien. J'avais la chance immense de vivre à côté d'eux et de profiter de leur expérience comme de leurs enseignements !

- Pour vos petites courses, essayez de vous passer de liste afin de faire travailler votre mémoire au quotidien. L'astuce pour se remémorer une liste de mots : créer une petite histoire.

- Testez les *serious games*, ces jeux vidéo qui permettent d'améliorer ses facultés cognitives (mémoire, attention, logique, réflexes...) tout en s'amusant, comme MeMo ou Neuro Racer. Je ne suis pas fan de jeux vidéo, mais pourquoi pas !

- Larguez les amarres ! Les voyages forment la jeunesse, mais ils nourrissent aussi le grand âge. Découvrir de nouveaux paysages, s'adapter à des us et coutumes différents, entendre une langue étrangère permettent de garder l'esprit ouvert. On sort de sa zone de confort, de ses habitudes et de ses repères, et c'est hyper stimulant pour le cerveau !

S'émouvoir avec l'art

Imaginer un monde sans art ? Impossible ! L'art nous émeut, nous apaise, nous relie et élargit notre vision du monde. Lorsque cette rencontre magique avec une œuvre a lieu, c'est une fabuleuse fenêtre qui s'ouvre sur soi, mais également sur les autres. Et par cette brèche, c'est la vie qui nous traverse. En nous faisant accéder à quelque chose de plus grand que nous, le beau nous permet aussi de prendre de la hauteur et de jeter un autre regard sur les petits soucis de notre quotidien.

L'art pour se sentir en vie

Théâtre, cinéma, opéra, danse, expos… il n'y a pas une semaine sans que je prenne ma « dose » nécessaire de culture, d'art et de beau. Je suis une grande esthète ! Au musée, je peux m'arrêter devant un tableau et le contempler durant de longues minutes, saisie par l'émotion. C'est comme un coup de foudre : direct, instinctif, sans enjeu. Véritable expérience méditative, l'art est ainsi une invitation à savourer l'instant présent. On a alors envie d'en savoir plus sur l'auteur de l'œuvre et les circonstances de sa réalisation. Une exposition en appelle une autre ; de fil en aiguille, on découvre de nouveaux artistes. C'est sans fin, et excellent pour solliciter le cerveau et favoriser cette fameuse plasticité cérébrale, gage de notre jeunesse d'esprit. Pour

48 %

C'est le pourcentage de réduction du risque dépressif après une simple sortie au musée, au cinéma ou au théâtre, au moins une fois par mois, selon une étude réalisée auprès de personnes de plus de 50 ans[1]. Encore une preuve édifiante des bienfaits de l'art et de la culture sur la santé mentale !

1. « Cultural engagement and incident depression in older adults: evidence from the English Longitudinal Study of Ageing », *The British Journal of Psychiatry*, 2018.

poursuivre cette émotion à la maison, j'achète toujours le catalogue de l'exposition que j'ai visitée. J'aime feuilleter ces livres au hasard. On tombe parfois sur un paysage, une couleur, une scène qui nous reconnecte à notre passé et nous aide dans ce travail essentiel de connaissance de soi. L'art est magique : il est à la fois un fabuleux outil d'introspection et de connexion avec les autres. Je l'ai constaté chaque jour dans *Affaire conclue* !

POUR FINIR DE VOUS CONVAINCRE

- En 2019, une méta-analyse[1] de l'OMS rassemblant quelque 900 études a confirmé des observations empiriques : les activités artistiques et culturelles peuvent améliorer la santé physique et mentale, tant pour prévenir que soigner. C'est particulièrement vrai en cas de diabète, d'obésité, d'addictions ou de maladie d'Alzheimer.
- Face à une œuvre d'art, notre cerveau s'embrase. Cette émotion esthétique déclenche la sécrétion d'un cocktail de neurotransmetteurs du bien-être : de la dopamine pour la motivation et le plaisir, de la sérotonine antidépression, de l'ocytocine pour l'amour et l'attachement, des endorphines antidouleur… Vous reprendrez bien un petit tableau ?
- Créer permet de libérer des émotions, de se réapproprier son corps, voire sa vie. Peu importe le résultat : c'est l'acte et le plaisir du moment qui comptent.

---

1. *What is the evidence on the role of the arts in improving health and well-being? A scoping review*, OMS, 2019.

Mes artistes et œuvres préférés

• Boudin et ses ciels normands, les impressionnistes comme Monet, Manet, Renoir, Morisot, Seurat, Sisley, Pissarro et, plus tard, Van Gogh, Cézanne, Gauguin, Picasso, Braque, Munch… mais aussi des peintres plus tardifs, comme Bonnard et Vuillard. Matisse, évidemment ! Nicolas de Staël, que j'ai découvert il y a une dizaine d'années lors de l'exposition *Lumières du Nord. Lumières du Sud*, au MuMa du Havre.
• La verrerie du début du XXe siècle (Émile Gallé, la maison Daum, Charles Schneider…), que j'ai connue grâce à *Affaire conclue*. Idem avec les faïences et céramiques des années 1950 (Roger Capron, Vallauris, Jacques Blin, les frères Roger et Robert Picot…).
• Les sculpteurs animaliers du XIXe siècle (Pierre-Jules Mêne, Antoine-Louis Barye…), les sculpteurs art déco comme François Pompon, Paul Jouve, Max Le Verrier et Demetre Chiparus, Camille Claudel et Auguste Rodin. Dans un autre style, j'aime les sculptures colorées et toutes en courbes de Nikki de Saint Phalle ou, à l'extrême opposé, les silhouettes filiformes de Giacometti.
• Ma dernière expo coup de cœur : *Basquiat × Warhol, à quatre mains*, à la fondation Louis-Vuitton.
Et vous, quels sont vos artistes préférés, votre expo coup de cœur ou la prochaine sur votre liste ?

Mes petits conseils

On est parfois intimidé face à l'art, comme s'il était réservé à une élite. Mais pas du tout ! Pour l'apprécier, inutile de se lancer dans des analyses compliquées. Il suffit d'ouvrir ses sens... mais aussi de prendre des initiatives. Voici quelques idées.

- Amenez vos petits-enfants au musée. Bien sûr, vous ne ferez peut-être pas le tour complet comme si vous étiez seul, mais s'ils apprécient ne serait-ce que deux ou trois œuvres, c'est gagné ! Pensez également aux ateliers (grand-)parent-enfant, qui sont une belle occasion de passer un bon moment avec eux (et de les occuper...).

- Profitez d'une expo afin de vous organiser un petit week-end. La culture s'est démocratisée et les musées partout en France proposent de très beaux événements. Ou comment allier culture et découverte de notre beau pays !

- Participez à des visites guidées. Lors de mes promenades avec mon chien Raoul, au parc Monceau, je vois souvent des groupes de séniors. On a beau habiter une ville depuis des années, on ne connaît jamais toute son histoire. Qui sait ? Vous ferez peut-être de belles rencontres.

- Une carte postale d'un tableau que vous avez aimé, un flyer... Comme les enfants, rapportez un petit souvenir que vous pouvez ranger dans une boîte dédiée, coller dans un carnet ou afficher sur votre réfrigérateur, histoire de faire entrer le beau dans sa vie et de garder une trace de ces moments d'émotion. Je parie que, plus tard, vos petits-enfants seront heureux de découvrir avec vous le contenu de cette boîte à trésors !

- Inscrivez-vous à des cours du soir. Si j'avais le temps, je m'inscrirais aux cours d'histoire de l'art de l'École du Louvre. Encore un projet de plus à ajouter sur ma to-do list de future retraitée !

- Vous avez toujours rêvé de faire de la poterie, de l'aquarelle ou de la restauration de fauteuil ? Il n'est jamais trop tard pour se lancer. Prenez l'exemple de Marie-Thérèse Massard, une octogénaire vivant près de Saint-Étienne, qui prépare le concours de Meilleur ouvrier de France en broderie. Sa spécialité : la peinture à l'aiguille. Inspirant, non ? Même manuelles, ces activités sont une cure de jouvence pour le cerveau, car elles permettent de créer de nouveaux réseaux neuronaux et sont de véritables antistress naturels. D'où le succès, par exemple, des coloriages pour adulte. Créer est aussi un fabuleux moyen de préserver l'estime de soi.

- Observez ! Le beau n'est pas enfermé entre les quatre murs d'une salle de musée, il est partout. Une fleur, les motifs des nuages dans le ciel, l'ombre des feuilles qui bougent dans un carré de lumière... Au quotidien, aiguisez vos sens et soyez attentif à la beauté qui entoure. Cette capacité à s'émerveiller serait liée au niveau de bonheur, selon certaines études.

- Faites entrer le beau chez vous. Des couleurs douces, des matières doudou, de beaux tissus, des photos inspirantes, des reproductions de tableaux qui apaisent : il est essentiel de se créer un cocon où l'on se sente bien, comme un refuge face au tumulte du monde.

Vivre en musique

Elle rythme nos vies et la met en mélodie. Elle nous donne envie de danser ou de pleurer, tout en nous aidant à sécher nos larmes. Elle nous remplit d'énergie ou, au contraire, calme le tumulte de notre esprit et de notre corps. Elle apaise nos douleurs, stimule notre cerveau et possède même ce pouvoir de ressusciter la mémoire lorsqu'elle vient à faire défaut. C'est... c'est... la musique, bien sûr ! Il y aura toujours une chanson, un solo ou une sonate pour nous faire vibrer, jusqu'à la dernière note et jusqu'à notre dernier souffle.

La B.O. de ma vie

La musique accompagne chaque instant de ma vie, heureux comme douloureux. Elle a ce pouvoir de cristalliser la joie, comme lors de mon mariage où ont retenti *Un homme heureux* de William Sheller et *Ma plus belle histoire d'amour* de Barbara. Elle met aussi du baume au cœur dans les moments les plus éprouvants. Je me souviendrai toujours, avec une tristesse teintée de douceur, de cette scène lors des obsèques de ma mère. J'avais choisi l'*Adagio* d'Albinoni, mais le musicien l'a tellement massacré que nous avons été pris d'un fou rire nerveux... Peut-être êtes-vous aussi comme moi : après une rupture amoureuse, j'écoute les mêmes chansons tristes en boucle. Rassurez-vous, nous ne sommes pas masos : des études ont montré que cela pouvait vraiment aider à surmonter sa tristesse. C'est l'effet cathartique de la musique : on vit pleinement ses émotions, sans les refouler, et ça fait du bien ! Tel un effet miroir, cette résonance entre les paroles et ce que l'on vit aide également à se sentir compris et moins seul. *A contrario*, une musique bien entraînante (*I Say a Little Praye*r d'Aretha Franklin, par exemple) suffit à me donner la pêche le matin. Expérience personnelle et intime, la musique peut aussi nous permettre de nous sentir reliés les uns aux autres. Lors d'un concert, n'avez-vous jamais ressenti cette sensation de ne faire qu'un avec le public lorsqu'on applaudit, qu'on répète les paroles à l'unisson ou qu'on frappe avec ses pieds pour le rappel ? J'adore ces moments de communion qui me font me sentir en vie, et je compte bien les multiplier quand j'aurai davantage de temps.

Mes playlists

J'ai eu la chance de recevoir une culture musicale riche et variée de mes parents : belles chansons à texte, variété française « populaire », zouk et musique latine (peut-être parce que j'ai été conçue sur une petite île au large du Venezuela !), jazz Nouvelle-Orléans et musique classique, évidemment. Voici un aperçu de mes playlists… très éclectiques.

• **Pour surmonter un chagrin d'amour :** *Dis, quand reviendras-tu ?* et *La Solitude* de Barbara, pour leurs sublimes textes, *La Chanson des vieux cons*, composée par Benjamin Biolay pour Vanessa Paradis, *Souffrir par toi n'est pas souffrir* de Julien Clerc pour supplier France Gall de revenir, *Mistral gagnant* de Renaud, *La Rouille* de Maxime Le Forestier et, bien sûr, *Ne me quitte pas* de Brel. Je n'oublie pas le trop peu connu, mais magnifique album de Françoise Hardy, *L'Amour fou*, et notamment la chanson adaptée du poème de Victor Hugo *L'Âme en fleur*, devenu *Si vous n'avez rien à me dire*.

• **Pour m'accompagner durant l'écriture de mes livres :** de la musique classique, toujours. Schubert (mon préféré), mais aussi Mozart, Bach, Beethoven, Chopin, Haydn, Vivaldi, Satie…

• **Pour mettre l'ambiance en soirée :** tout le répertoire de Claude François (un classique toujours fédérateur), Dalida, Joe Dassin, Abba, Eagles, Eric Clapton, Laurent Voulzy (*Rockollection*), Michel Berger, France Gall, Véronique Sanson (*Chanson sur ma drôle de vie*), Eddy Mitchell, Johnny Hallyday, Niagara, les Rita Mitsouko, les tubes des années 1980, les Rolling Stones, les Beatles, du rock des années 1960 (*Just a Gigolo* de Louis Prima).

• **Mes grands classiques :** Cabrel, Reggiani, Montand, Brassens, Ferré, Chedid, Souchon, Barbara, Brel, Aznavour, Gainsbourg, Daho…

• **Mes derniers coups de cœur :** Clara Luciani, Barbara Pravi, Pomme, Hervé, Benjamin Biolay, Stromae…

POUR FINIR DE VOUS CONVAINCRE

• La musique fait du bien au corps, au cœur et à l'âme. Dans leur livre *Les Chansons d'amour guérissent le cœur du monde*[1], Daniela Lumbroso et le psychologue et psychanalyste Joseph Agostini expliquent que la musique peut procurer un *skin orgasm*, ou frisson orgasmique ! Encore une fois, c'est lié aux hormones, et particulièrement au circuit dopaminergique, celui du plaisir et de l'élan vital. Voilà pourquoi il nous arrive d'écouter un morceau en boucle, quand on devient accro à cette onde de plaisir. Et vous, avez-vous déjà vécu cet orgasme musical ? Si oui, avec quel morceau ?

• La musique peut être euphorisante, mais elle est aussi capable de nous apaiser. Le taux de cortisol diminue, la fréquence cardiaque et les ondes cérébrales se synchronisent avec la mélodie, et le calme revient, petit à petit. Pour preuve : une méta-analyse de 2021[2] a conclu qu'écouter de la musique abaissait le stress avant une chirurgie et avait des effets bénéfiques sur l'anxiété et la dépression chez les personnes souffrant de cancer.

• La musique est un puissant stimulant cognitif et cérébral. En écouter entraîne une véritable « symphonie neuronale » dans toutes les zones du cerveau, tandis que chanter active de multiples fonctions cognitives : la mémoire des mots et des émotions, le sens du rythme, l'audition… Que l'on soit auditeur, chanteur ou musicien, la musique permet ainsi d'activer la plasticité cérébrale et même de freiner le déclin cognitif. Elle est d'ailleurs souvent utilisée chez les patients atteints d'Alzheimer : alors que leur mémoire flanche, ils arrivent à fredonner des chansons de leur jeunesse. En agissant comme des madeleines de Proust, certaines chansons les aident même à se reconnecter à leurs souvenirs.

• La musique adoucit les mœurs… mais aussi la douleur, vraisemblablement grâce à la sécrétion d'endorphines. Plusieurs études ont ainsi confirmé les bienfaits de la musique (écoutée au casque, en position allongée et dans le calme) chez les personnes souffrant de fibromyalgie, cette maladie encore mal connue (mais bien réelle) qui entraîne des douleurs dans tout le corps et une grande fatigue.

---

1. Robert Laffont, 2023.
2. « Interventions musicales pour améliorer les critères de jugement psychologiques et physiques chez les personnes atteintes de cancer », *Cochrane Database of Systematic Reviews,* octobre 2021.

Je valide !

À Bordeaux, il existe une résidence intergénérationnelle créée autour de la musique. Depuis 2015, Concert'O accueille des séniors dans des logements adaptés ainsi que des locataires plus jeunes, dont des familles, dans des logements traditionnels. Tous peuvent se réunir au sein de trois espaces dédiés à la musique, lors d'activités animées par une association. Le quiz musical ou le « Dis-moi ce que tu écoutes », où chacun apporte sa musique préférée, ont beaucoup de succès !

Mes petits conseils

Tous les moyens sont bons pour mettre davantage de musique dans notre vie, mais aussi pour en démultiplier les bienfaits sur notre bien-être. Voici quelques petits trucs à tester.

- Essayez de retenir les paroles d'une chanson (et pas seulement le dernier mot des couplets !) pour faire travailler votre mémoire.

- Si vous aimez chanter (et même si vous chantez faux comme moi), inscrivez-vous à une chorale. Bonne humeur assurée ! Des études ont montré que la chorale était un bon moyen de lutter contre la solitude des séniors et de raviver cette petite flamme vitale.

- Lorsque vous avez une tâche difficile à faire ou demandant de la concentration (pour moi, c'est faire ma déclaration de revenus… j'ai une phobie administrative !), mettez une musique que vous aimez. Cela peut aider à se concentrer… et à faire passer la pilule !

- Quand j'écoute de la musique classique, je m'amuse parfois à « décortiquer » un morceau, par exemple en fixant mon attention sur un instrument en particulier.

- Même si vous appréciez vos classiques, tenez-vous au courant de ce qui se fait aujourd'hui, grâce à vos enfants et petits-enfants. Cela permet de garder l'esprit ouvert et d'éviter les « c'était mieux avant ! » qui nous font passer pour de vieux aigris (j'avoue tout de même : j'ai beaucoup de mal avec la techno !). Dans mon émission sur M Radio, j'ai eu la chance de recevoir régulièrement des chanteurs de la nouvelle génération. J'ai adoré recueillir les confidences de Zaz, Clara Luciani, Mentissa...

- Créez la « playlist de votre vie ». Un peu comme un album photo, sélectionnez des chansons qui incarnent les moments forts de votre vie. C'est un beau moyen d'introspection, mais aussi de transmission. Vous pouvez également vous concocter des playlists thématiques : pour pleurer, pour danser, pour se détendre, pour se concentrer, pour dormir... Je suis sûre que vous allez découvrir de petites pépites ! La nouveauté est une excellente façon de stimuler votre cerveau.

- La musique fait du bien, mais sachez aussi de temps en temps vous mettre en mode silencieux. Nos neurones ont en effet besoin de calme pour se régénérer. Ces plages de silence favoriseraient même la croissance de nouveaux neurones. Silence, ça pousse (dans le cerveau !).

Rire de tout… et surtout de soi !

L'humour est une arme infaillible et son corollaire, le rire, est un remède efficace pour nombre de maux du corps et du cœur. Forme de politesse, marque de créativité et liant social inégalable, l'humour recèle également, sous ses abords légers et badins, une véritable dimension spirituelle. L'ironie, et plus encore l'autodérision, impose une prise de distance avec la réalité, et nous évite ainsi de nous engouffrer dans des émotions négatives. Une posture qui nous invite à ne plus nous lamenter sur ce qui n'est plus, mais, au contraire, à nous réjouir de ce qui est. Qui sait, la vie et ses facéties pourraient bien nous réserver encore de belles surprises !

Avoir le cœur léger

Je suis une grande rieuse. Petite, on me surnommait « Miss Ricanette » ! Rien de plus séduisant pour moi que les esprits fins, toujours prêts à dégainer un brillant jeu de mots et maniant avec brio le second degré. Si j'aime rire des blagues des autres, je suis aussi mon premier sujet de moquerie. Et avec mon côté Pierre Richard, il y a de quoi faire ! Avec mes bourdes et mes fous rires, je suis devenue l'un des piliers des bêtisiers annuels. Certaines séquences sont désormais culte : Muriel Robin en direct sur mon plateau, qui réagit avec son humour habituel face à un appareil électroménager proposant une omelette d'une drôle de forme ; moi qui tente de m'allonger sur un hamac et qui réalise un tour complet avant de m'affaler lourdement sur le sol ; des électrodes posées sur mon ventre dont j'augmente exagérément la puissance et qui provoquent des hurlements de douleur… Tel un réflexe vital, l'humour nous permet de nous sortir en une pirouette de situations difficiles, de faire face au stress et à l'émotion, de masquer nos fragilités. Avec l'âge, l'autodérision

Avec l'âge, l'autodérision devient une arme de choix pour dédramatiser.

devient une arme de choix pour dédramatiser. Plus je traverse des événements dramatiques, plus j'ai besoin d'en rire ! Les plus grands comiques ne sont-ils pas généralement des clowns tristes ? Muriel Robin nous a tant fait rire avec ses déboires familiaux et la maladie d'Alzheimer de sa mère. Guy Bedos n'a pas hésité à rire sur scène du mal (Alzheimer aussi) qui le touchait. Florence Foresti joue avec ses fragilités au quotidien dans sa série *Désordres*. En se regardant moins le nombril, l'humour nous aide finalement à prendre de la hauteur, et même à s'élever spirituellement. Rire est aussi un merveilleux outil d'altruisme. Rien de mieux que l'humour pour faire tomber les barrières, engager la conversation, rester en lien avec les autres. C'est également l'une des clés de la longévité dans un couple. Derrière l'humour (lorsqu'il est habilement manié, bien sûr) se cache par ailleurs une profonde empathie. Si je ris avec toi, c'est parce que je comprends ce que tu ressens.

POUR FINIR DE VOUS CONVAINCRE

• C'est assez incroyable, mais le cerveau et le corps ne font pas la différence entre rire spontané et rire simulé (d'où le yoga du rire, ces ateliers où l'on pratique rire et respiration du yoga). Qu'il surgisse naturellement ou non, le rire est un vrai « médicament » naturel, avec de nombreux bienfaits sur la santé, tant physique que mentale.
• Le rire réduit le stress. Après un bon fou rire, le taux de cortisol (l'hormone du stress) diminue, tandis que le système dopaminergique (encore lui !) est activé. Cela se voit même à l'IRM : après un bon fou rire, les neurotransmetteurs du bien-être font clignoter notre cerveau comme un sapin de Noël !
• Il aide à faire place nette dans les poumons et augmente la quantité d'air ventilé grâce à d'amples respirations, rendues notamment possibles grâce à la libération du diaphragme. Rendez-vous compte : ce sont 2,5 litres d'air frais qui entrent dans nos poumons à l'inspiration et 0,5 litre d'air vicié qui en sort à chaque expiration. Le rire améliore ainsi l'oxygénation du sang et est également excellent pour le cœur, grâce à une dilatation du diamètre des vaisseaux sanguins de 30 à 50 %, explique la Fédération française de cardiologie, qui recommande le yoga du rire pour protéger son cœur.
• C'est un antidouleur naturel, grâce à la sécrétion d'endorphines

qui augmentent notre seuil de tolérance à la douleur. Une franche rigolade permet également de détendre toutes les tensions musculaires.

• Il booste le système immunitaire en activant la production de lymphocytes NK, ces fameuses cellules Natural Killer (voir p. 24).

• Rire aide à mieux apprendre, en améliorant l'attention et la mémorisation. Regarder des vidéos humoristiques permettrait même de limiter les pertes de mémoire liées à l'âge.

• Le second degré et l'autodérision activent la pensée latérale, cette pensée créatrice qui, en nous amenant à faire un pas de côté, peut nous aider à trouver des solutions inattendues. Pensez-y la prochaine fois que vous êtes face à une difficulté : tournez-la en dérision. Une solution pourrait bien surgir !

Ma playlist rire

• **Les films qui me font rire à tous les coups :** *Le Dîner de cons*, la série des Bronzés (avec une préférence pour *Les bronzés font du ski*), *Le Père Noël est une ordure, La Chèvre,* les films des Monty Python, *The Party*, et bien sûr nos grands classiques nationaux (*La Grande Vadrouille, Le Corniaud, Papy fait de la résistance*...).

• **Mes humoristes préférés :** Muriel Robin, Florence Foresti, Gad Elmaleh, Sylvie Joly, Dany Boon, Patrick Timsit, Guy Bedos, Jean Yanne, Jean Poiret, Michel Serrault, Zouc.

• **Mon fou rire d'anthologie :** sur le plateau du Téléthon, une crise de rire interminable avec Patrick Chêne au pire moment. Très difficile d'enchaîner après !

• **Les vidéos qui me permettent de décompresser :** les bêtisiers de séquences en direct (notamment pendant les journaux télévisés) et les vidéos de chutes ou de situations insolites, entre autres avec les animaux de compagnie, que je croise sur Instagram !

Cultiver le goût des autres

Nous sommes des êtres relationnels. Sans l'autre, nous n'existons pas ! C'est dans ce lien avec l'autre que le monde et notre existence prennent sens. Il ne s'agit pas de dépendance, mais d'interdépendance : nous avons tous besoin les uns des autres, et plus encore au fil des années. Le privilège de l'âge ? Expérimenter des relations « sans enjeux », délestées des contraintes et des projections, nourries par la substance et l'épaisseur de la vie.

« Décortiqueuse » de l'âme

Poser des questions, écouter des parcours de vie, apprendre de l'autre et de ses expériences… Rien ne me passionne plus que l'échange, la curiosité et la découverte d'autrui. Depuis toujours, je suis une « décortiqueuse » de l'âme, et j'ai eu la chance de pouvoir nourrir cette appétence grâce à mes différentes émissions. Pendant six années à la présentation de *Toute une histoire*, j'ai été dans l'intimité d'une multitude de personnes. Dans leurs récits, il m'est souvent arrivé de trouver un écho à mes interrogations et mes doutes. Le *small talk* où l'on échange des banalités ? Très peu pour moi ! Plus le temps passe, plus j'apprécie les discussions profondes qui font réfléchir, bousculent parfois nos certitudes et dont on sort chacun grandi. « On ne peut pas savoir qui l'on est si on ne rencontre pas autre chose que soi », explique le philosophe Charles Pépin dans son livre *La Rencontre, une philosophie*[1]. Et si la rencontre ne change rien en nous, c'est qu'elle n'en était pas vraiment une. L'autre est ainsi un médiateur essentiel pour ce travail de connaissance de soi, mais aussi un puissant facteur de résilience. Deux capacités à cultiver pour un troisième âge heureux, épanoui et fertile.

---

1. Robert Laffont, 2023.

Prendre soin de ses amitiés

Parmi ces « autres », les amis ont bien sûr une place de choix ! Je suis assez exigeante en amitié, mais j'ai su me créer un groupe indéfectible d'amies. De longues amitiés d'enfance, à l'image de Valérie, ma « presque sœur » que je connais depuis le primaire et avec qui je partage tout, ou de mon amie de fac, Florence, devenue notaire, avec qui je me suis retrouvée célibataire au même moment. Des coups de cœur amicaux arrivant au fil des rencontres, comme Yvonne-Poncet Bonissol, mon pilier, ou Caroline Margeridon, cet « ovni féminin » que vous avez découvert, comme moi, dans *Affaire conclue*. Et bien d'autres encore ! Leur point commun ? Elles sont dotées d'une forte personnalité, bienveillantes, mais franches, à l'écoute sans jamais être dans le jugement. Pour moi, c'est cela « faire l'amitié ». Comme en amour, il y a des codes, des rituels, des clés ; et comme l'amour, l'amitié s'entretient. S'il est important de prendre soin de ces « vieilles » amitiés, cela n'empêche pas de rester ouvert aux nouvelles, en s'affranchissant de la barrière de l'âge. Auprès d'amis plus âgés, on apprend de leur sagesse ; auprès des plus jeunes, on ouvre son esprit. *A contrario,* il faut parfois savoir s'éloigner des personnes toxiques et faire le deuil d'une amitié. C'est difficile et cela peut être aussi douloureux (voire plus) qu'un chagrin d'amour. Mais plus on avance en âge, plus nous sommes aptes à choisir des liens qui nous nourrissent et à nous libérer de ceux qui nous entravent.

POUR FINIR DE VOUS CONVAINCRE

L'étude Harvard Study of Adult Development, qui a suivi plus de 700 personnes depuis 1938, est sans appel : vieillir longtemps, en bonne santé et heureux tient plus à la qualité des liens que nous tissons tout au long de notre vie qu'à la réussite financière, notre patrimoine génétique ou au contenu de nos assiettes. L'hypothèse des chercheurs : en nous permettant de nous « décharger » de nos problèmes, nos proches aident à réguler notre stress, et ainsi limiter ses effets nocifs sur la santé. Moins que le nombre, c'est la qualité des relations qui compte, nous apprend l'étude, qui apporte également cette bonne nouvelle : il n'est jamais trop tard pour s'atteler à créer ces relations bénéfiques !

De fidèles compagnons

Lors de mes promenades sur les bords de Seine, sur les plateaux de tournage, en couverture de mon magazine *S*, vous avez sûrement eu l'occasion d'apercevoir Raoul, mon fidèle compagnon ! Il me suit presque partout et, quand ce n'est pas le cas, c'est une joie de le voir me faire la fête quand je rentre à la maison. Le lien n'est en effet pas réservé aux humains et on peut en tisser de très profonds avec nos animaux, qui peuvent être de vrais alliés pour le moral et la santé. Ils permettent de rompre la solitude, tiennent à distance la dépression, ont une véritable action antistress et nous forcent à sortir et à bouger. Mieux qu'un site de rencontres, ils aident à créer du lien. N'avez-vous jamais remarqué, au parc, qu'ils sont un moyen efficace d'entamer la conversation ? Nos chères boules de poils sont aussi les meilleures pour recueillir nos confidences intimes sans nous juger, et nous apporter un soutien émotionnel direct, instinctif et inconditionnel. Prendre soin d'un animal, c'est également se sentir utile. Enfin, les observer lamper quelques gouttes d'eau au robinet, renifler tout et n'importe quoi ou dormir profondément est aussi une perpétuelle invitation à savourer le moment présent et à se reconnecter à l'essentiel. Nos animaux, de vrais coachs sportifs… et de petits maîtres de méditation !

POUR FINIR DE VOUS CONVAINCRE

Selon une étude écossaise[2], la compagnie d'un chien ferait rajeunir de dix ans les personnes de plus de 65 ans. Les secrets de ce bain de jouvence animalier ? Une activité physique plus importante. Une autre étude[3] a quant à elle montré que la présence de son animal de compagnie avait un effet plus bénéfique sur la fréquence cardiaque et la pression artérielle que celle d'un ami lorsqu'on doit réaliser une tâche éprouvante.

---

2. « Dog ownership and physical activity in later life: A cross-sectional observational study », *Preventive Medicine*, 2014.
3. *Journal of Sociology & Social Welfare*, 2013.

Mes petits conseils

Parfois, on se complaît avec la compagnie de soi-même ! Mais il faut se forcer à toujours rester en lien avec les autres, oser, ouvrir la porte de sa maison… et de son cœur.

- Régulièrement, organisez des dîners avec des personnes d'horizons différents. J'adore jouer les « entremetteuses » en amitié, en prenant soin de bien sélectionner les participants selon les affinités… et mon intuition (qui se trompe rarement !).

- Inscrivez-vous à des ateliers, des conférences, des formations. Les communes, les associations et les bibliothèques en proposent fréquemment.

- Dites merci… aux gens, bien sûr, mais aussi à la vie et à tous ses petits bonheurs du quotidien. Selon une étude[1], la pratique de la gratitude serait un véritable levier pour améliorer la qualité de ses relations. Un petit exercice pour vous entraîner ? Chaque soir, dans un petit carnet, notez trois choses pour lesquelles vous ressentez de la gratitude. Un beau rayon de soleil, une discussion avec une amie, une succulente pâtisserie… il n'y a pas de petit merci !

- Adoptez un animal de compagnie : il y en a tellement en attente de maître à la SPA et dans les autres associations. Pour choisir votre compagnon poilu, fonctionnez au coup de cœur : c'est une rencontre, au même titre qu'une rencontre amicale.

1. « The impact of gratitude letters and visits on relationships, happiness, well-being, and meaning of graduate students », *Journal of Positive Psychology and Wellbeing*, juin 2021.

Se sentir utile

Avoir une place, un rôle dans la société : c'est un besoin essentiel et un puissant levier pour l'estime de soi. Alors que le travail et la parentalité sont venus naturellement combler ce besoin, le départ à la retraite et celui des enfants peuvent sonner comme une vertigineuse perte de sens. Comme si une cape d'invisibilité s'abattait sur nous. À chacun de retrouver de nouveaux habits de lumière, dans ce fabuleux espace de liberté qui s'ouvre à nous. Comme une invitation à redéfinir son rôle sur l'échiquier de la vie, un rôle à la mesure de soi.

Transmettre : le fil rouge de ma vie

Que ce soit dans mes émissions, lors du Téléthon ou dans mes engagements associatifs, j'ai toujours eu besoin de recueillir la parole des autres pour la transmettre au plus grand nombre, de contribuer à changer les mentalités, de sortir mes invités de leur isolement, d'accueillir des experts pour qu'ils livrent leurs conseils. C'est ainsi que je me sens utile. C'est ma boussole, mon « chemin de vie », comme disent les Chinois. Après la retraite, pas question d'arrêter ! Je vais ralentir, certes (afin d'avoir du temps libre pour m'adonner à mes passions), mais je compte bien poursuivre cette « mission » en écrivant des livres ou en réalisant des documentaires, par exemple. Abandonner ces activités, ce serait éteindre cette flamme vitale qui m'anime chaque jour... et un aller simple vers le grand âge assuré ! Je l'ai constaté sur les tournages d'*Affaire conclue* : parmi les vendeurs que j'ai rencontrés chaque jour, les retraités qui ont l'air jeune et en pleine santé étaient toujours actifs, investis dans des causes, animés d'une passion. C'est le meilleur rempart contre l'un des grands dangers de la retraite, la perte de sens. Certes, le travail n'est pas toujours une partie de plaisir, mais il donne aussi du sens à la vie en nous attribuant un rôle dans la

> Les retraités qui ont l'air jeune et en pleine santé étaient toujours actifs, investis dans des causes, animés d'une passion.

société, et la reconnaissance qui va avec. Une fois à la retraite, où trouver ce sens ? Comment continuer à être utile ? C'est un vrai défi, mais, en même temps, un fabuleux champ des possibles qui s'ouvre. Nous ne sommes plus caractérisés par une fonction, bridés par une hiérarchie, fatigués par un travail pénible, contraints par des horaires. C'est l'occasion de se poser les bonnes questions (qu'est-ce qui est bon, juste et vrai pour moi ?) et de trouver une activité ou un engagement qui permette d'incarner nos valeurs et nos passions. La vie est comme une dynamo : il faut y insuffler sans cesse du mouvement pour la maintenir en action.

POUR FINIR DE VOUS CONVAINCRE

Le stress en excès est un fléau pour la santé, mais son absence totale n'est pas bonne non plus. Comme l'explique le docteur Frédéric Saldmann, en trop faible quantité, l'hormone du stress serait un accélérateur de vieillissement, car elle provoque une inflammation chronique et réduit l'immunité. C'est pourquoi tant de personnes tombent malades après la retraite. Comme si, inconsciemment, on autorisait son corps à baisser la garde. D'où l'importance de ne pas mettre sa vie sur pause après la retraite !

Mes petits conseils

- S'occuper de ses petits-enfants permet de soulager nos enfants dans leur quotidien, mais aussi de maintenir sa jeunesse d'esprit et d'expérimenter une autre facette de l'éducation, peut-être plus axée sur le plaisir. Cela étant, je pense qu'il faut trouver le bon équilibre afin de préserver sa liberté. Bien sûr, je garderai avec plaisir mes petits-enfants, mais je compte bien profiter de mon troisième âge !

- Pourquoi ne pas faire du bénévolat ? Alors qu'on a de l'énergie et du temps à revendre, se mettre au service de ceux qui en ont besoin peut contribuer à trouver du sens à sa vie. En ce qui me concerne, je me vois bien apporter un peu de réconfort aux personnes en fin de vie. S'investir au niveau de sa commune (pas forcément en s'engageant politiquement) est une autre piste.

- Si le troisième âge prenait soin du grand âge ? C'est une idée évoquée par François de Closets dans son livre *La Parenthèse boomers*[1]. Avec l'allongement de l'espérance de vie en bonne santé, de nouvelles stratégies et de nouveaux rôles doivent être mis en place. Entre 50 et 70 ans, on peut être encore plein d'énergie pour s'occuper du grand âge et aider nos anciens à vivre chez eux le plus longtemps possible. C'est un vrai défi sociétal, sachant que, selon les projections de l'Insee, le nombre de plus de 85 ans va augmenter de 90 % entre 2030 et 2050.

- Avez-vous déjà entendu parler de mécénat de compétences ? Il s'agit d'un dispositif consistant à prendre du temps sur ses heures de travail pour aider une association. Pas mal pour les séniors salariés, pour une transition en douceur entre vie active et retraite. Je trouve le principe intéressant, pas vous ?

1. Fayard, 2022.

S'autoriser de nouveaux départs

Rester curieux, c'est aussi sortir de notre zone de confort et d'une vision parfois limitée du monde. C'est oser plonger dans l'inconnu… un inconnu fait toujours un peu peur. Pourtant, c'est en nous forçant, encore et encore, à aller vers ce qui nous effraie que nous dépassons ce que nous redoutons le plus. Un cheminement indispensable pour pouvoir profiter au maximum de ce beau troisième âge, délestés des peurs qui entravent notre liberté et armés d'une légèreté qui alimente notre soif de vivre. Il n'y a pas d'âge pour réenchanter sa vie !

La crise du milieu de vie

La fameuse crise du milieu de vie, l'avez-vous connue ? Moi, oui ! Et j'ai eu l'occasion de la partager avec vous dans différents livres. Au mitan de la vie (généralement entre 40 et 60 ans), on éprouve le besoin de faire le point sur ce que l'on est devenu et ce que l'on a construit. Et surtout, on se pose cette question ô combien fatidique : est-ce que cela me convient ? Est-ce vraiment moi ? C'est le moment où l'on acte notre vie, où l'on se confronte à la réalité, sans faux-semblant. C'est un bilan indispensable pour enclencher ce fameux processus d'individuation, comme l'a nommé le psychiatre Carl Gustav Jung : en se libérant petit à petit de nos masques (ces attentes et exigences imposées par notre environnement social, familial, professionnel, religieux…), on chemine à la rencontre de soi. Lors de ce voyage intérieur, on se retrouve forcément face à nos zones d'ombre, nos peurs, nos doutes, nos frustrations, mais c'est une étape nécessaire pour pouvoir vivre la vie que l'on souhaite… enfin ! Bien sûr, ce travail introspectif n'est pas sans conséquences : se rapprocher de son vrai soi implique parfois de se délester de situations ou de relations qui

> En se libérant petit à petit de nos masques, on chemine à la rencontre de soi.

nous en éloignent. Mais c'est essentiel pour attiser cet élan vital et vivre à fond cette aventure de la vieillesse tout en jouissant d'une nouvelle liberté. Celle d'être soi, tout simplement

Un moteur dans la vie

Grâce à ce travail d'introspection, j'ai fait le choix d'inventer la vie que je souhaitais mener, ce qui a nécessité, à maintes reprises, de sortir de ma zone de confort. Bien sûr, c'est effrayant, mais c'est ainsi que l'on se sent vivant ! Avec les années, je sais mieux écouter cette petite voix intérieure qui me dit que quelque chose ne me convient plus, et j'ai appris à prendre des risques (mesurés, évidemment). Il faut parfois savoir s'abandonner à la spontanéité, se laisser guider par son intuition et non son mental, qui préfère rester dans ce qu'il connaît. Je déteste les « rentiers d'eux-mêmes ». C'est ainsi que l'on devient vieux avant l'âge ! Mieux vaut être dans le mouvement, quitte à errer, quelquefois, ou commettre des erreurs. Mais il n'y a pas d'échec, seulement des expériences dont on sort grandi, pour peu que l'on sache faire preuve d'introspection et de remise en question. En refusant les nécessaires évolutions auxquelles la vie nous invite, en ne relevant pas les défis qui s'offrent à nous, on risque de freiner son potentiel de développement. Comme l'arbre qui se déleste de ses feuilles à l'automne, nous avons aussi besoin de lâcher le passé pour renaître au printemps. En restant accroché à nos habitudes et à nos certitudes, on se ferme à la nouveauté. En ne faisant rien, c'est évident : on ne risque rien, sinon l'ennui, la frustration… et la véritable vieillesse, celle de l'esprit.

Il n'y a pas d'âge pour se réinventer !

Avec **Yvonne Poncet-Bonissol**,
psychologue clinicienne

J'ai rencontré Yvonne Poncet-Bonissol sur le plateau de *Toute une histoire*, où elle excellait dans l'analyse du parcours des invités. Mais nos liens se sont véritablement noués à l'arrêt de l'émission. Je sortais alors d'une relation difficile et j'étais inconsolable. Yvonne m'a accompagnée, écoutée, conseillée. Depuis, elle est devenue mon pilier. Elle m'a notamment soutenue durant mes périodes de changement, des phases de la vie jamais confortables, mais essentielles pour se réaligner avec soi-même et maintenir son élan vital.

Est-il vraiment possible de se réinventer à tout âge ?

Que l'on ait 40, 50, 60 ou 70 ans, c'est possible ! La pulsion de vie existe jusqu'à notre dernier souffle. Mais, bien souvent, on n'ose pas initier des changements, car l'âge est vécu comme un handicap, voire une maladie – celle de la vieillesse. Or, il n'en est rien ! Il n'y a pas d'âge pour avoir des projets, déménager, voyager, s'initier à un nouvel apprentissage, ou même divorcer. Il faut rayer de sa vie l'expression « je ne peux pas » ! On a toujours la possibilité de changer quelque chose, et plus encore : le besoin de se réinventer est vital. Sans cela, on demeure dans des situations de frustration, voire dans une forme d'emprisonnement.

Changer : on en a tous envie, mais cela fait peur…

Cela nous pousse à quitter ce que l'on appelle notre « zone de confort », une zone qui, certes, peut générer des frustrations, mais qui nous sécurise aussi. On a peur de quitter des habitudes, des rituels, des pensées. Or, pour rester vivant à tout âge, il faut savoir faire son deuil : celui des habitudes, d'une apparence, d'une relation, de certaines choses qui nous encombrent (y compris matériellement), d'un certain confort financier. Parfois, la vie s'en charge et met sur notre chemin des épreuves (la maladie, des abandons, des divorces tardifs…), qui vont venir booster le désir de vie. Changer devient alors vital.

Cela demande du courage, et aussi de l'énergie !

Le point commun à toutes les personnes qui vivent bien dans leur âge, c'est en effet l'énergie. Cette énergie créative qui donne envie de se réinventer, de vivre pleinement et de sortir des sentiers battus. Or, l'énergie se décuple quand on est dans l'action. C'est comme une dynamo ! Et, bien souvent, elle est contagieuse, d'où l'importance de rester en lien avec les autres. Plus on est dans l'énergie, plus le mental devient plastique. Le temps alors n'imprime plus sa marque. On connaît la plasticité cérébrale, mais de plus en plus de travaux en psychologie montrent qu'il existe aussi une plasticité mentale. Mais cela demande des efforts quotidiens, car, par nature, l'Homme est attiré par la procrastination ! En fin de compte, on a l'âge que l'on se donne, pas son âge civil. Cet âge « réel » réside dans la volonté de ne pas rester enfermer dans des certitudes, des rituels ou des habitudes. Et dans cette capacité à aimer la vie.

Ma maison, mon cocon

Une des choses dont je suis le plus fière ? Figurez-vous que ce ne sont pas tant les défis professionnels que j'ai relevés (comme lorsque j'ai remplacé au pied levé Jean-Luc Delarue à la présentation de *Toute une histoire*), mais l'achat (à crédit) de ma maison en Normandie. Ce fut mon saut dans l'inconnu. Celui qui me permet, aujourd'hui, d'envisager l'avenir plus sereinement, car cette maison m'apporte une assise, une sécurité. Ce fut, aussi, ma vraie déclaration d'indépendance. Cette acquisition m'a donné les clés d'une nouvelle liberté. Quoi qu'il m'arrive, j'ai ce cocon ! Symboliquement, le lieu de vie me paraît très important. Une maison ou un appartement où l'on a partagé des souvenirs peut nous rattacher inconsciemment au passé, et c'est pourquoi il est parfois bon de déménager. La crise du milieu de vie peut aussi s'accompagner d'un besoin de faire le grand tri : photos, bibelots, dressing, vaisselle, et même meubles ! Comme si tout ce matériel n'était plus en adéquation avec votre être profond. Faire le vide dans la matière pour mieux se retrouver soi, et ouvrir une page vierge pour le futur. Se délester du superflu, aller à l'essentiel. C'est comme dans notre vie, finalement : il faut aller vers l'authenticité.

> Cette maison m'apporte une assise, une sécurité. Symboliquement, le lieu de vie me paraît très important.

Mes petits conseils

- Faites-vous aider ! La crise du milieu de vie n'est pas une sinécure. Parfois, c'est comme si le sol s'ouvrait sous nos pieds tant on remet en cause des certitudes, des croyances et notre sécurité. Un psychologue, un psychothérapeute ou un thérapeute (à vous de trouver la bonne oreille et la bonne méthode) peuvent être d'un grand secours dans ce travail d'introspection. Les livres (notamment ceux de Christophe Fauré, Christophe André et Frédéric Lenoir) m'ont aussi beaucoup aidée, pendant cette période, à me (re)trouver et me reconstruire.

- Noter ses idées ou ses pensées sur un carnet peut aider à faire le point. Rien de mieux que de coucher ses mots (et ses maux) sur le papier pour prendre un peu de distance. N'hésitez pas non plus à lister vos envies ou vos valeurs. Si vous aviez une baguette magique, à quoi ressemblerait votre vie idéale ?

- Lors de ce travail d'introspection, vous pouvez avoir l'impression d'être passé à côté de votre vie. Mais essayez de voir le verre à moitié plein : faites le bilan de vos réussites et de vos accomplissements. Il y en a, forcément !

Chapitre 5

« Il faut aimer sans cesse
après avoir aimé. »
Alfred de Musset

Aimer, encore et toujours

L'amour n'a pas d'âge. Il peut survenir à tout moment, et parfois lorsqu'on s'y attend le moins. Mariage de toute une vie, coup de foudre, aventure amoureuse, rencontre sur le tard... Il existe tant de manières d'aimer ! À condition de faire le pari de l'amour, de nourrir le lien chaque jour, d'embrasser toutes les vagues de la relation, de surmonter les raz-de-marée et de savoir apprécier les instants de calme et de félicité en se laissant flotter. Tel un souffle vital, le désir de rencontrer l'autre, d'être avec lui, de l'écouter, de faire l'amour avec lui, alimente notre soif de vivre et d'expérimenter, encore et toujours. Bien sûr, l'aventure est rarement de tout repos : le sentiment amoureux peut être la source des moments les plus heureux comme les plus douloureux. Il peut nous faire atteindre la pure extase, comme il peut nous faire plonger dans des puits de souffrance. Mais de chaque expérience, heureuse comme malheureuse, on peut sortir grandi et fort d'une meilleure connaissance de soi, de ses envies et de ses désirs, indépendamment de l'autre qui ne saurait être là pour panser nos plaies. La maturité nous offre alors ce merveilleux cadeau pour savourer, davantage encore, l'amour : une réelle aptitude au bonheur et au plaisir de partager des moments à deux. L'âge d'or ne serait-il pas celui de l'amour ?

(Ré)inventer son couple

Qu'il soit celui de toute une vie ou de quelques années, le couple est une entité vivante et mouvante. Et comme toute créature vivante, il faut veiller à ne pas le laisser se faner. Au fil des saisons amoureuses, on se fait ainsi le jardinier de son couple : on arrose, on retire les mauvaises herbes, on plante un tuteur, on sème de nouvelles graines... Sur ce terrain fertile que nous offrent l'expérience et le travail d'introspection, la récolte peut alors se révéler abondante... et exquise.

L'amour peut sonner plusieurs fois...

Je suis toujours émerveillée par ces histoires de retrouvailles dans une deuxième, voire troisième partie de vie. Je me souviens, par exemple, des confidences exaltées de Macha Méril. En 1964, lors d'un festival à Rio de Janeiro, alors qu'elle avait 24 ans et se trouvait à l'affiche du film *Adorable Menteuse* de Michel Deville, elle rencontra le compositeur Michel Legrand, 32 ans à l'époque, venu présenter *Les Parapluies de Cherbourg*. Ce fut le coup de foudre réciproque ! Libres ni l'un ni l'autre à ce moment, Michel étant marié avec deux enfants en bas âge, ils choisirent de poursuivre leur route chacun de leur côté, en se donnant rendez-vous dans une autre vie. Cinquante ans plus tard, le destin les a réunis à nouveau et ils n'ont pu faire autrement que de céder à leur passion ravivée à l'instant même où leurs regards se sont recroisés. Ils étaient sur la même longueur d'onde, voulaient la même chose et n'avaient aucun doute sur l'intensité de leurs sentiments. Malgré l'âge, ils se sont lancés dans l'aventure de l'amour et de la vie commune, en fuyant la lourdeur des situations, en « poétisant le réel », comme le dit si joliment Macha, jusqu'à se marier quelques années plus tard. J'entends encore Macha me raconter les délices d'une passion partagée, nourrie par les expériences acquises de chacun. Ils étaient amoureux comme deux adolescents, mais plus aguerris à la pratique de l'amour au point de n'en garder que le meilleur. Son témoignage m'a fait rêver, et elle était plus rayonnante que jamais ! Certes, la disparition de Michel l'a plongée dans un immense chagrin, mais hors de question pour elle de s'appesantir sur sa douleur. Elle estime ne pas être en deuil, mais avec lui pour toujours. Elle continue sa vie nourrie par les souvenirs merveilleux et l'envie de transmettre la mémoire de son mari défunt, à travers des spectacles, des événements, une fondation et un festival portant son nom. Une belle manière de le rendre immortel !

Une lettre qui change tout…

Autre témoignage réjouissant, l'histoire de Claude Lelouch et Valérie Perrin, digne d'un scénario du réalisateur. Valérie, alors directrice d'une agence de téléphonie à Trouville, est divorcée, mère de deux enfants et plutôt sereine dans sa vie de célibataire. Jusqu'à ce qu'elle rencontre l'une de ses amies journalistes, qui doit interviewer Claude Lelouch à l'occasion de l'inauguration de la place qui porte son nom, à Deauville. Valérie lui avoue son admiration pour l'œuvre du cinéaste et lui demande de lui apporter une lettre, où elle exprime les raisons de sa passion pour son cinéma. Claude lit la lettre et, bouleversé par les mots de Valérie, demande son numéro de téléphone. Alors marié à la comédienne Alessandra Martines, il attend quelques semaines avant de la contacter et de l'inviter à boire un café. Elle a 40 ans, lui 70, et elle ressemble à ses comédiennes fétiches, un mélange d'Anouk Aimée et d'Évelyne Bouix. Il est conquis (elle aussi) et lui avoue que jamais on ne lui a parlé de ses films comme elle l'a fait, qu'elle a souligné ce qu'aucun critique n'avait vu, et que, si elle était capable d'écrire cent pages aussi belles que cette lettre, elle deviendrait un grand écrivain… Il met quelques mois à lui déclarer ses sentiments. N'en pouvant plus de se taire et de se dérober, il prend le volant un soir de Saint-Sylvestre, conduisant sur des routes enneigées pendant des heures, pour la retrouver à Paris avant minuit et lui déclarer sa flamme… Ça ne vous rappelle rien ? Trintignant au volant de sa voiture, sous la pluie, roulant à toute vitesse pour surprendre Anouk Aimée à l'arrivée du train, alors qu'ils venaient de se séparer… Eh oui, c'est une scène mythique d'*Un homme et une femme* : chez Claude Lelouch, la vie et le cinéma sont intimement liés !

> Le couple est une entité vivante et mouvante. Et comme toute créature vivante, il faut veiller à ne pas le laisser se faner.

Amoureux, ils vivent d'abord leur histoire en secret, puis l'officialisent après le divorce du cinéaste et se marient quinze ans plus tard, à plus de 86 ans pour lui et 56 ans pour elle ! Plus jeune et vivant que jamais, toujours curieux et passionné de cinéma, Claude tourne actuellement son cinquante-et-unième film. Valérie a changé de vie pour lui. Elle est venue s'installer à Paris, est devenue coscénariste de deux de ses films, photographe de plateau et... écrivain, comme il le lui avait prédit ! Ses livres ont un succès fou et se vendent dans le monde entier. Je vous recommande notamment *Changer l'eau des fleurs*.

Le couple à l'épreuve du temps

Ayant grandi avec des modèles de couples qui durent, j'admire ces duos inséparables qui finissent leur vie ensemble. Bien sûr, j'aurais aimé moi aussi réussir ce projet. Car il s'agit bien d'un projet : « faire couple » est un vrai travail, qui nécessite que chacun porte cette volonté de vieillir à deux. Cela demande des efforts, des réajustements et de la communication. Certains couples réussissent à évoluer ensemble et à maintenir leur connexion au fil du temps, quand d'autres s'éloignent petit à petit. Insidieusement, le temps et la maturité nous entraînent vers des objectifs et envies différents, sur des routes parallèles. On est ensemble... mais seuls. À cet égard, la crise du milieu de vie est une étape particulièrement à risque. Ça passe... ou ça casse ! Ainsi, à l'aube de la cinquantaine, il a suffi d'une question fatidique (« Aimes-tu la femme que tu es face à ton mari ? ») posée par mon ami psychiatre Christophe Fauré pour me faire prendre conscience que je n'étais pas bien dans ma vie. Non, je n'aimais pas la femme agacée, impatiente et frustrée que j'étais devenue... Cette interrogation a déclenché un cataclysme. Avec Pierre, nous étions à un moment de notre vie de couple où nous nous insupportions trop souvent, et nous n'avons pas réussi à trouver les bonnes clés pour nous relancer et nous construire un avenir solide et serein. Vous connaissez la suite : nous avons divorcé. Une décision douloureuse,

« Faire couple » est un vrai travail, qui nécessite que chacun porte cette volonté de vieillir à deux.

pour laquelle j'ai beaucoup culpabilisé… Avec le temps, cependant, je suis heureuse d'avoir su créer une nouvelle relation avec le père de mes enfants. L'amour s'est transformé en une fraternité qui nous grandit et nous soutient dans nos chemins de vie respectifs.

Une nouvelle vision du couple

Quelle vie amoureuse après un divorce ou un veuvage ? Aime-t-on différemment dans notre seconde partie de vie ? Loin de sonner le glas de l'amour, l'âge peut au contraire lui apporter un second souffle. Libéré de cette injonction sociale à fonder une famille et de la présence des enfants à la maison (le « nid vide » a aussi du bon !), bien installé dans sa vie professionnelle, doté d'une autonomie financière (dans le meilleur des cas) qui nous permet de vivre seul si on le souhaite, auréolé d'une certaine sérénité et recentré sur l'essentiel, on développe une belle aptitude au bonheur. On se connaît mieux, on sait ce que l'on veut… et ce que l'on ne veut plus ! Plus sûr de nous, de nos convictions et de nos valeurs, on se concentre sur nos envies. À deux, on est libre alors de se choisir pour les bonnes raisons et de s'affranchir des modèles imposés pour inventer le couple qui nous ressemble. Habiter sous le même toit, garder chacun son chez-soi, avoir une « chambre à soi » ou partager uniquement des moments choisis… il y a mille et une façons d'être heureux à deux ! À chacun de choisir son « contrat de couple », pourvu que les parties soient d'accord sur les termes. Halte au quotidien, inventons de nouvelles manières d'être à l'autre ! Soyons moins dans la construction et dans la projection, davantage dans l'instant présent et la joie. C'est aussi, avec le temps, une autre vision de l'attachement qui se met en place : il s'agit moins de dépendance que d'interdépendance. Nous existons chacun avec nos désirs et nos envies, et c'est en les laissant parler que l'on peut élaborer un *modus vivendi* du couple, qui sera amené à évoluer au fil du temps. Encore une belle leçon de l'âge !

Réenchanter son couple

Avec **Yvonne Poncet-Bonissol**, psychologue clinicienne

Parmi nos thèmes de discussion avec Yvonne, il y a l'amour, bien sûr ! Je lui ai donc demandé ce qui expliquait la longévité d'un couple et si l'on pouvait trouver une nouvelle forme d'amour après 50 ans.

Dis-moi, quel est le secret des couples qui durent ?

Il y a des petits secrets, des clés, mais pas de recette miracle ! Tout dépend aussi de la première rencontre. On parle beaucoup, dans l'état amoureux, de neurones miroirs : c'est cette impression de rencontrer son double, son alter ego. Une rencontre évidente, fascinante. Mais cette passion ne peut pas durer, car c'est une forme d'immaturité affective. L'autre fait comme partie de nous, mais c'est une illusion. Une grande passion n'est pas suffisante pour vivre une relation à long terme. L'illusion peut alors laisser place à la désillusion… et à l'ennui.

Comment éviter cet ennui, grand ennemi du couple ?

Un couple a besoin de projets communs, de partager une vision. Au début, il s'agit généralement de fonder une famille, d'acheter une maison… Mais une fois que tout cela est acquis, il faut veiller à ce que le vide ne s'installe pas. On le remplit avec des moments à deux, des sorties, des week-ends, des passions communes, une vie sociale riche. Il faut aussi surprendre l'autre et vivre dans la joie. C'est une émotion contagieuse et puissante ! Il ne faut pas oublier d'alimenter son couple avec ces ingrédients, car rien n'est acquis. Le grand danger est en effet de prendre le couple comme une assurance-vie. Rien n'est moins vrai. On peut toujours se réinventer : soi d'abord, puis son couple.

Quand on se réinvente soi, le danger n'est-il pas de s'éloigner de l'autre ?

Dès lors que l'on travaille sur soi, on prend en effet le risque de ne plus être en harmonie avec l'autre. Ainsi, beaucoup ne font pas de thérapie de peur que cela les mène droit au divorce. Mais ce n'est pas la thérapie qui mène au divorce, c'est le fait qu'en s'alignant sur soi, l'autre peut ne plus se trouver dans notre axe. C'est le désamour.

Est-ce le point de non-retour pour le couple ?

Si l'on se réinvente personnellement, il faut que le face-à-face avec l'autre soit encore plus bienveillant. Il faut admettre qu'on ne fonctionne pas au même rythme, qu'on ne soit pas dans la même énergie. L'un des secrets des couples qui durent, c'est d'accepter la différence de l'autre. Pour cela, il est nécessaire de communiquer, d'écouter (vraiment) l'autre, de lui demander s'il va bien et de quoi il a besoin. Et de lui dire merci. C'est très important ! La bienveillance est un outil très puissant pour le couple. Malheureusement, on oublie souvent de regarder l'autre, en se plaçant dans une sorte de cécité psychologique, ou alors dans les reproches et les critiques. L'autre devient alors la « poubelle » de nos propres insatisfactions. L'amour est en effet un thermomètre de notre santé psychique.

Penses-tu que les crises soient un passage obligé du couple ?

Oui, et j'en ai comptabilisé schématiquement sept, dont la crise du « démon de midi ». Vers 40, 50 ans, on a envie d'aller voir ailleurs. Longtemps réservé aux hommes, ce phénomène concerne aujourd'hui également les femmes, souvent pour se rassurer sur leur pouvoir de séduction. Il y a ensuite la crise du « nid vide » : les enfants quittent la maison et on se retrouve en binôme. C'est une véritable épreuve pour le couple ! Si l'on était déjà intolérant, ce tête-à-tête devient terrible ! Pour les mêmes raisons, la retraite est une autre période très fragilisante. Plus que jamais, il est important d'insuffler de la nouveauté, de la joie, des surprises ; de partager et de communiquer. Et surtout, de se faire confiance.

Dans ta pratique, vois-tu aujourd'hui davantage de « divorces gris », ces divorces chez les séniors ?

Il y a en effet une nouvelle vague de divorces à 50, 60 et même 70 ans. La décision est souvent prise après les vacances, ou après une trop grande promiscuité, comme durant le confinement. Un face-à-face trop long, sans échappatoire, peut exacerber les frustrations. Avant de prendre cette décision, il peut être intéressant de faire une parenthèse dans le couple, pour retrouver sa vitalité, faire le point avec soi-même, prendre du recul face à tous les éléments extérieurs (l'éducation des enfants, les problèmes d'argent, etc.), qui nuisent à la vraie relation amoureuse. C'est se donner les moyens de colmater les fissures, qui sont inévitables dans le couple. En somme, partir pour mieux revenir.

Envisage-t-on le couple différemment après un divorce sur le tard ?

Oui ! C'est un nouveau couple, avec des aspirations différentes : on a envie de voyager, de faire du sport ensemble, de pratiquer des activités. Bien sûr, il faut que les deux partagent les mêmes aspirations. On a aussi atteint une certaine maturité : on se connaît mieux, surtout si l'on a travaillé sur soi. On comprend que l'autre n'est pas là pour combler nos manques, et que se satisfaire soi-même est l'un des meilleurs moyens d'aimer et d'être aimé. Tout est lié : lorsque quelqu'un effectue un travail sur soi, l'autre en profite aussi.

Mes petits conseils

Je ne prétends pas être un modèle en amour ! Comme tout le monde, j'ai commis des erreurs, j'ai souffert et j'ai quelques regrets… Cela fait partie de mon chemin. De ce parcours de vie, mais aussi des confidences reçues sur le plateau de *Toute une histoire* et des (très) longues discussions avec mes amies, voici malgré tout les petits conseils que j'ai pu tirer.

- Réenchantez votre couple, comme le conseille Yvonne. Gardez votre âme d'enfant, espiègle et joueuse. Nous avons accompli nos devoirs (famille, travail, stabilité financière…) et nous savons également que la maladie ou la mort peut surgir dans nos vies à tout moment. Aussi, profitons de ces petits moments simples à deux, dans la joie.

- Communiquez ! L'idée que l'autre puisse lire dans nos pensées, deviner ce que l'on ressent et ce que l'on souhaite est illusoire. La télépathie n'existe pas ! La discussion ouvre un espace d'intimité, mais encore faut-il pour cela s'être libéré de certaines peurs et barrières mentales.

- Lorsque le couple est en danger, consulter un thérapeute de couple me semble une initiative louable, et le signe d'une volonté d'agir pour sauver sa relation. Ouvrir un espace de communication peut aider à combler ce fossé creusé par l'accumulation d'incompréhensions, de frustrations et de blessures, et à retrouver un chemin où les deux partenaires puissent se rejoindre. Ce chemin, c'est le socle commun, ce qui a fait qu'à la base, on est tombés amoureux. La sève du couple, en quelque sorte. Sur le plateau de *Toute une histoire*, j'ai ainsi vu plusieurs couples raviver la flamme grâce à une thérapie. Si cette essence du couple n'est plus là, cela peut en effet sonner la fin de la relation. Mais au moins, on se quitte avec moins de regrets et le sentiment d'avoir tout tenté avec cette thérapie.

- Après un divorce, il peut être bénéfique de rester quelque temps célibataire pour se reconquérir, alors qu'on s'est parfois perdu dans le mariage, la parentalité ou le travail. Une pause salvatrice pour faire le point sur ses envies, ses besoins, et savourer cette liberté retrouvée.

- Il est parfois nécessaire de donner un petit coup de pouce au destin pour faire des rencontres. S'inscrire à des randonnées, des sorties culturelles, des cours, des conférences, des réunions politiques ou associatives est un moyen simple d'élargir son cercle de connaissances auprès de personnes avec qui on partage certains goûts, valeurs et sensibilités. Si, au début, ces intérêts communs aident à créer du lien, ils peuvent devenir un véritable ciment pour le couple sur le long terme. Peut-être encore plus avec l'âge, non ?

- Inscrivez-vous à des cours de danse de salon ! Excellent moyen de rester en forme, la danse est aussi l'occasion de belles rencontres… à poursuivre dans l'intimité si affinités ! J'adore ces histoires de rencontres improbables entre deux personnes d'un certain âge, parfois veufs ou divorcés, qui ne croyaient plus à l'amour et qui, sur la piste de danse, ressentent des papillons dans le ventre. Et vous, en connaissez-vous ?

- Je n'ai jamais testé, mais plusieurs de mes amies ont fait de belles rencontres sur des sites et applis de rencontre. Il en existe des spécifiques pour nous, les « séniors » : DisonsDemain, Elite Rencontre Senior, Nos Belles Années…

- Gardez espoir ! Il y aura sûrement des joies, des échecs ou des ruptures amoureuses douloureuses. Croyez-moi, j'en ai eu mon lot ! Mais c'est ainsi que l'on apprend sur soi. Il faut garder le cœur ouvert : c'est quand on s'y attend le moins que l'on peut être cueilli par l'amour. Il faut alors savoir saisir sa chance, sans trop se poser de questions. Comme une évidence qui s'impose, l'entourage vient alors se greffer naturellement. J'ai souvent entendu des personnels de maisons de retraite me confier qu'ils assistaient parfois à la naissance de belles histoires d'amour. Cette idée que l'amour survient à tout âge ne peut que réjouir ceux d'entre vous dont le moral est en berne et qui n'y croient plus…

Expérimenter une nouvelle sexualité

Il n'y a pas d'âge pour que deux corps s'aiment et s'unissent. Véritable pulsion de vie, la sexualité est aussi vouée à évoluer avec les années. Plus douce, plus lente, et en même temps plus libérée, cette sexualité choisie et assumée ouvre une nouvelle ère sensuelle. Alors que l'on se connaît mieux, elle permet de se connecter à l'autre dans un sentiment de communion mêlé à l'ivresse des corps et des cœurs. C'est cela, l'intimité, la vraie : une disponibilité du corps pour soi et pour l'autre, et une ouverture du cœur, sans peur. Une invitation à savourer la vie, toujours et encore plus.

Plus lente, plus sensuelle... une sexualité différente

Notre degré de désirabilité et notre libido ne sont pas corrélés à notre capacité à faire des enfants, bien heureusement ! Loin de sonner le glas de la sexualité, la ménopause peut au contraire ouvrir un espace de liberté pour le corps. Moins complexée, moins inhibée, on connaît mieux son corps et comment lui apporter du plaisir (et nous l'assumons !). Libérée de la maternité, on ne risque plus de tomber enceinte (quel poids en moins que de ne plus avoir à se soucier de la contraception !) et les enfants ont quitté le nid. C'est une nouvelle ère qui s'ouvre pour la sexualité. L'âge et la sérénité procurant d'autres plaisirs, d'autres habitudes amoureuses, peut-être moins physiques, mais plus tendres, plus délicates, que l'on savoure à la manière de gastronomes explorant et dégustant le corps et les jouissances de l'autre. On éprouve autant de plaisir à donner qu'à recevoir. L'intensité du plaisir est davantage liée à celle de l'échange, à cette symphonie de sensations ; la recherche de l'orgasme à tout prix passe alors au second plan. Parfois, se serrer l'un contre l'autre suffit. La confiance et la générosité sont le terreau de cette véritable intimité, cette connexion complète entre deux êtres. Lorsqu'elle implique nos trois centres (le cœur, le corps et l'esprit), la sexualité peut nous faire accéder à de purs moments d'extase ! L'âge apporte aussi une certaine sagesse, avec une vision un peu moins manichéenne. À une époque, j'aurais mal vécu que mon compagnon éprouve du désir pour une autre femme. Avec l'âge, j'ai compris que, souvent, ils en avaient besoin pour faire du bien à leur ego. De là à dire que l'homme a un instinct infidèle ? Je n'irais pas jusque-là… Certains couples s'affranchissent des codes de la fidélité en expérimentant de nouvelles manières de « faire » couple, comme les relations libres ou le polyamour. Personnellement, cela me laisse perplexe. Mais si les deux personnes sont d'accord, chacun fait ce qu'il veut !

Surmonter les petits soucis

La routine n'est pas la seule menace pour la sexualité. Avec le temps, et plus particulièrement la ménopause, des problèmes d'ordre physique peuvent venir troubler la vie intime. Ainsi, la disparition des œstrogènes peut entraîner une sécheresse vaginale. Un phénomène répandu et rarement isolé. Principal symptôme du syndrome génito-urinaire de la ménopause (SGUM), la sécheresse vaginale peut être accompagnée de son lot d'autres troubles : problèmes urinaires (envies fréquentes d'uriner, douleurs à la miction, petites fuites lorsqu'on rit ou qu'on fait un effort…), irritation du vagin responsable d'inconfort, de brûlures et de démangeaisons voire de douleurs, de pertes vaginales malodorantes (dues à un déséquilibre de la flore et du pH vaginaux, et en aucun cas à une hygiène douteuse !). À terme, on observe parfois une atrophie de la vulve et du vagin (amincissement de la paroi vaginale et rétraction du vagin), provoquant des douleurs encore plus vives. Naturellement, la libido en prend un sérieux coup : il est normal de ne plus avoir envie de faire l'amour quand les rapports sexuels sont douloureux ! Ainsi, 36 % des femmes n'auraient plus de libido à la ménopause. Quel dommage !

Maintenir le désir

Avec **Yvonne Poncet-Bonissol**, psychologue clinicienne

Quelle est la place de la sexualité dans le couple ? Ou, plus largement, dans la vie ? J'ai encore une fois interrogé ma fidèle confidente.

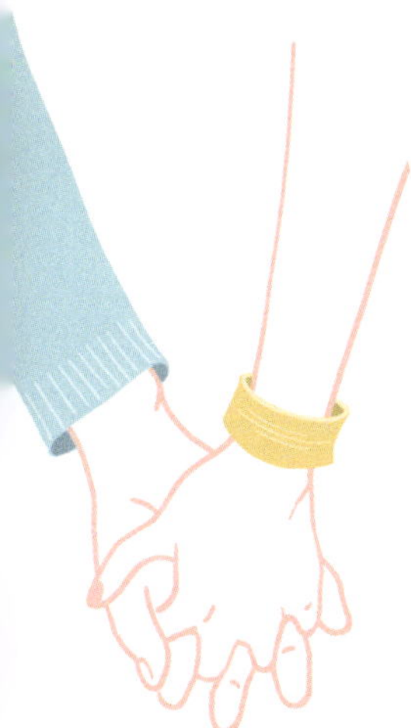

La sexualité est-elle vraiment le ciment du couple ?

C'est en effet l'un des ingrédients majeurs du couple, car c'est la rencontre des corps. Si la sexualité fonctionne bien, c'est que le désir n'a pas déserté le couple. Bien sûr, cette sexualité est vouée à évoluer avec les années, et en bien ! On dit souvent que c'est vers 40 à 50 ans que la femme traverse une véritable tempête sexuelle. Elle connaît bien son corps et s'autorise davantage de choses. Ainsi, il n'est pas rare qu'une femme connaisse son premier orgasme à la quarantaine. Moins dans l'inhibition, il y a une forme de sensualité qui se met en place. Cette écoute sensuelle de l'autre est essentielle au sein du couple. Il faut sentir l'autre, écouter ses besoins, oser parler, demander ce qui plaît. Laisser les corps parler, tout simplement.

Mais alors que le corps vieillit, on peut avoir du mal à rester en amour avec son corps...

Il faut changer de perception : ne pas être dans l'image du corps, mais dans un corps ressenti. Il s'agit de ressentir ce que l'on a à l'intérieur, et non pas simplement de visualiser l'image corporelle. C'est la manière dont on habite son corps qui compte, pas son apparence.

Y a-t-il une date de péremption pour la sexualité ?

Non, heureusement ! Dans les Ehpad, il y a toujours une vie sexuelle. Elle peut être un peu différente, avec beaucoup de tendresse, mais elle est toujours là. Et quand il n'y a pas de partenaire, il y a l'auto-érotisme. La libido est une pulsion vitale. Elle n'est pas seulement sexuelle, elle peut être sublimée dans plein de choses. C'est un souffle vital qui nous maintient en vie.

Stop au tabou de la sécheresse vaginale !

Avec le docteur **Michel Mouly**, chirurgien gynécologue et oncologue, auteur de *Ménopause, tout peut changer*[1]

En 2018, j'ai été la première à donner la parole au docteur Michel Mouly, qui avait introduit en France, cinq ans plus tôt, le laser vaginal pour traiter la sécheresse vaginale. À l'époque, sur le plateau de *C'est au programme*, nous avions eu peine à réprimer un fou rire, car le sujet était encore tabou ! Il l'est un peu moins aujourd'hui, mais il y a encore des progrès à faire. Et les premières à pouvoir changer les choses, c'est nous, les femmes, en osant aborder ce problème avec notre gynécologue.

Existe-t-il des solutions contre la sécheresse vaginale ?

Les femmes n'ont pas à supporter ces douleurs, ni à faire une croix sur leur sexualité, car il existe aujourd'hui un éventail de solutions. Les lubrifiants classiques peuvent apporter un certain confort lors des rapports sexuels, mais ce n'est qu'une solution temporaire… et peu compatible avec une vie intime spontanée ! Les œstrogènes locaux, sous forme d'anneau ou d'ovule, peuvent être une solution. Le remède le plus efficace reste le traitement hormonal de la ménopause (THM, voir p. 32-34). En s'attaquant à la racine du problème (la disparition des œstrogènes), il a fait ses preuves pour soulager la sécheresse vaginale, mais également pour limiter les pertes inhabituelles et les troubles urinaires. En fonction du profil et en l'absence de contre-indication, le THM pourra être différent (œstrogènes par voie vaginale, traitement combinant œstrogènes et progestérone). À votre gynécologue d'en juger, mais cela nécessite que vous lui parliez de vos petits soucis, bien sûr. Il ne faut pas en avoir honte : c'est notre métier, nous sommes là pour vous soulager.

---

1. Robert Laffont, 2022.

Et le laser, est-ce la solution magique ?

Le laser CO2 vaginal a été mis au point par le professeur Salvatore, à Milan. Il induit dans le tissu conjonctif vaginal un choc thermique qui, par un effet « *estrogen-like* », va réactiver les fibroblastes endormis, qui vont alors se remettre à produire du collagène et de l'acide hyaluronique. La muqueuse vaginale va se reconstituer et le vagin retrouver son pH naturel et une flore équilibrée. La procédure est quasi indolore et se déroule en cabinet, sans anesthésie. Une séance dure environ une dizaine de minutes, sans aucune suite. Trois à quatre séances à un mois d'intervalle, puis une séance d'entretien tous les ans sont nécessaires. En parallèle, j'associe un traitement par œstrogènes locaux avant le traitement pour « préparer le terrain », puis une fois tous les dix jours. Les résultats sont très satisfaisants, tant sur la sécheresse vaginale (et les douleurs lors des rapports sexuels) que les troubles urinaires associés. Ce traitement n'est pas pris en charge par l'Assurance maladie.

En dehors des traitements, avez-vous d'autres conseils ?

L'arrêt du tabac est recommandé, car il contribue à la disparition des œstrogènes. L'alcoolisme, l'absence d'activité physique, une alimentation trop acide ou pimentée peuvent accentuer un SGUM. Attention également à une hygiène intime trop poussée, qui peut déséquilibrer la flore ! Enfin, il est important de pratiquer régulièrement des exercices du plancher pelvien, mais également de maintenir une vie sexuelle, car elle entretient la lubrification vaginale.

Comment travailler son périnée ?

Pour les femmes n'ayant jamais accouché par voie basse, des exercices pour apprendre à contracter les muscles releveurs peuvent être faits en yoga ou chez le kiné. Cela peut améliorer le plaisir sexuel, en contractant ces muscles sur le pénis. Pour les femmes dont le périnée a été mis à rude épreuve lors d'un accouchement, qui ont l'impression d'avoir un vagin trop lâche, qui souffrent de fuites urinaires ou de bruits gênants lors des rapports sexuels, une rééducation du périnée est à programmer. Il n'est jamais trop tard pour la faire ! Attention : l'exercice du « stop pipi » est déconseillé, car il fragilise la vessie.

Mes petits conseils

Le désir a lui aussi besoin d'être cultivé. Voici quelques petits conseils pour lui apporter de l'engrais…

- Pimentez votre sexualité. Rien de pire que la routine pour tuer le désir ! Quel que soit l'âge, il me semble essentiel de rester spontané et joueur, de savoir cueillir le moment présent quand on sent que le désir est là. Et bien sûr, oser le dire et le demander. On peut aussi amener de la surprise, avec de petites mises en scène sensuelles…

- Une main dans le dos quand l'autre passe, un baiser sur l'épaule… Au quotidien, n'oubliez pas la tendresse. Nous en avons tous besoin, y compris les hommes ! C'est un moyen, comme la sexualité, de maintenir le lien amoureux.

- On peut avoir besoin de tendresse ou, parfois, de sexe un peu plus… sauvage, dirons-nous ! N'ayez pas honte de vos envies. Notre monde intime est très riche, et nous portons tous en nous différentes « personnalités » sexuelles. Sentez-vous libre de les exprimer. C'est un puissant moteur pour le couple et un gage de complicité.

- Pour découvrir de nouveaux territoires au sein du couple, pourquoi ne pas tester le tantrisme ? En Occident, cette pratique est surtout connue pour les massages qui permettent de découvrir des zones érogènes inexplorées et d'établir une profonde connexion entre les corps. Les gestes sont lents et ne visent pas forcément la jouissance telle qu'on la conçoit classiquement. À la fois cheminement corporel et spirituel, le tantrisme envisage la sexualité comme une expérience qui permet d'accéder à l'éveil. Un beau programme !

- Jouez sur l'anticipation ! Autant il est bon de savoir cueillir le désir quand il se présente de façon spontanée, autant il est parfois délicieux de le faire monter en intensité en se fixant un petit rendez-vous intime. Le pouvoir de l'anticipation est une source d'excitation, de jeu et de complicité.

- La révolution narcissique se joue aussi sur le terrain de la sexualité. De l'extériorité, de l'image du corps, on passe à l'intériorité, à un corps qui procure des sensations et qui donne du plaisir, à soi et à l'autre. C'est l'intéroception, c'est-à-dire la perception de tout ce que l'on ressent. De même que ce ressenti vécu en conscience prend le pas sur l'image du corps, il transcende également la technique ou la mécanique du sexe. Il ne s'agit plus d'être dans l'orgasme à tout prix, mais dans les sensations qui permettent cette connexion magique à soi et à l'autre… voire à quelque chose qui transcende tout. Le sexe comme méditation…

- Contracter son périnée trente fois de suite, trois fois par jour : c'est l'ordonnance du docteur Saldmann pour le garder tonique et en bonne santé. Encore plus efficace selon le doc : se tenir accroupi ! En yoga, cette posture a un nom : Malasana, ou yogi squat. Le secret, c'est d'essayer de descendre son périnée le plus bas possible, en gardant les plantes des pieds bien au sol, sans décoller les talons. Pas hyper sexy, mais ça marche !

Chapitre 6

« Vers la mort, très chère, nous allons. Tous.
En dansant ou en boitant, en riant ou en geignant,
peu importe, puisque c'est là que nous allons. »

Christian Bobin

Prévoir l'après

Tout est impermanent, rien ne dure. Ainsi, notre vie est jalonnée de différents « après » : après la retraite, après la perte d'autonomie et, bien sûr, après notre disparition. Autant d'étapes auxquelles nous n'avons pas envie de penser. Et pourtant, si cette impermanence nous invite à cultiver l'instant présent, elle nous encourage également à anticiper le futur en accomplissant certains actes et en prenant certaines décisions afin d'envisager ces jalons plus sereinement. Et ainsi, savourer l'ici et le maintenant. Prévoir l'après, prendre certaines dispositions et assurer sa transmission, c'est également s'assurer de voir ses décisions et ses choix respectés, c'est demeurer dans l'action pour tenir les rênes de sa vie jusqu'à la fin.

Préparer sa retraite

Dans tous les choix que j'ai faits ces dernières années, la question de l'« après » demeurait en filigrane. Comment m'assurer un avenir assez confortable après la retraite ? Comment protéger mes enfants et leur assurer un petit patrimoine ? Répondre à ces questions fait partie des premières décisions que l'on devrait prendre lors de l'entrée dans le troisième âge. Et c'est une phobique administrative qui vous le dit !

Faire ses calculs

La première étape consiste à estimer le montant de sa pension : alors que la réforme des retraites, appliquée depuis septembre 2023, a fait bouger les lignes (et surtout l'âge de départ), il est judicieux de faire le point pour éviter les mauvaises surprises... Penser la retraite, c'est également anticiper ses besoins en se posant les bonnes questions. Vais-je garder le même logement ? Déménager dans une autre ville ? Pour plus petit ? Ensuite, il me semble judicieux, dans la mesure du possible, d'épargner et de prévoir des compléments de revenus à sa retraite. Cela peut passer un plan d'épargne comme le PER (plan d'épargne retraite), des placements financiers, l'investissement dans l'immobilier locatif (en bénéficiant de certains dispositifs fiscaux) ou encore une retraite complémentaire. C'est un métier en soi ! Aussi vaut-il mieux se faire conseiller par son banquier ou un gestionnaire de patrimoine. Et pour ceux que le sujet passionne, il existe des formations pour préparer sa retraite.

Des alternatives aux maisons de retraite

Comment envisager sa fin de vie ? Plutôt que d'occulter cette perspective et laisser à mes proches la responsabilité (et parfois, la culpabilité) de devoir décider à ma place, je préfère anticiper pour éviter d'avoir à subir certaines situations. Ma première idée est de fuir l'isolement et de choisir un lieu facile d'accès, à proximité de connaissances ou d'amis chers susceptibles de nous entourer et de partager des moments du quotidien. Il faut aussi prévoir l'agencement de sa maison ou de son appartement pour faciliter l'accès à la chambre et aux pièces de vie indispensables en cas de mobilité réduite, en évitant, par exemple, d'avoir un escalier à grimper plusieurs fois par jour… Dans l'hypothèse où il me faudrait quitter mon domicile, j'avoue être très tentée par le « béguinage », ce lieu de vie inspiré des communautés religieuses de femmes, les béguines, né au XIIIe siècle dans le nord de l'Europe. Les béguinages nouvelle génération[1] proposent ainsi des petites maisons ou des appartements adaptés aux séniors, accompagnés de bâtiments et de services communs. Ensemble, les résidents pratiquent des activités (marche, jardinage, méditation, cuisine, bricolage…) qui leur permettent de conserver un sens à leur existence, puis chacun retrouve son chez-soi le soir, sachant qu'il y aura toujours un voisin ou une voisine en cas de besoin. L'idée de garder son autonomie dans son propre appartement et de partager des lieux de vie communs, tout en bénéficiant d'un encadrement médical, me séduit. Encore faut-il choisir son entourage et son environnement… À coup sûr, les idées vont fleurir ces prochaines années pour concevoir et inventer des lieux de vie humains, sécurisants et généreux. Il ne peut en être autrement, car nous serons de plus en plus nombreux à parvenir au quatrième âge[2]. Déjà, certains Ehpad repensent leur fonctionnement pour se transformer en mini-villages avec café, place centrale et petite épicerie où chaque résident a un rôle à jouer. Pour privilégier le maintien à domicile tout en rompant l'isolement des séniors, les habitats intergénérationnels proposent des logements conçus pour accueillir différentes générations : étudiants, familles et séniors. Autre belle idée, la colocation intergénérationnelle : la personne âgée propose à un

Comment envisager sa fin de vie ? Je préfère anticiper pour éviter d'avoir à subir l'isolement, la perte de mobilité, l'inactivité…

1. Le mouvement Béguinage Solidaire (www.beguinage-solidaire.fr) accompagne ces projets. Dans son dernier ouvrage, *Vieillir solidaire* (Robert Laffont, 2023), co-écrit avec Tristan Robet (qui a cofondé Béguinage Solidaire), Marie de Hennezel nous présente ces nouvelles formes d'habitat.
2. Selon les projections de l'Insee, un Français sur trois aura plus de 60 ans en 2050.

étudiant ou un jeune actif une chambre chez elle, en échange d'une présence et de quelques menus services. Partout en France, quelques milliers de familles d'accueil hébergent également des séniors. Le fil rouge de ces différentes initiatives ? La solidarité entre générations ! Je suis convaincue qu'il existe de multiples manières d'envisager ce quatrième âge et qu'un juste milieu plus humain et plus joyeux est possible, à mi-chemin entre le maintien à domicile (parfois synonyme de solitude ou de danger) et le placement dans une institution. Espérons que ces initiatives sèmeront leurs graines et se multiplieront dans les prochaines années !

Je valide !

Ce dispositif est peu connu, mais il existe depuis 2021 un Service civique solidarité séniors (SC2S[1]). Durant six à douze mois, la personne âgée, qu'elle vive dans une résidence ou à domicile, reçoit la visite régulière de deux jeunes (formés et rémunérés) de 16 à 25 ans pour partager des activités : jeux de société, cuisine, jardinage, initiation au numérique, promenade ou simples discussions. Une initiative qui peut faire naître de belles vocations chez les jeunes !

1. Plus d'informations sur www.sc-solidariteseniors.fr.

Affronter notre disparition

Il n'est jamais évident d'aborder la question de la mort, encore moins avec nos enfants. Par superstition, peut-être, comme si l'on craignait que parler de la mort allait l'attirer dans nos vies... Pourtant, je pense qu'il est essentiel de pouvoir partir comme on l'a souhaité et, surtout, de ne pas faire peser sur nos proches des décisions qu'ils ne devraient pas avoir à prendre. Préparer sa disparition, c'est aussi rendre hommage à sa vie et prendre soin de ceux qui restent.

Une mort à notre image

Personnellement, je n'ai pas encore réfléchi au « scénario » que je souhaiterais. Pourtant, envisager différentes dispositions pour ses propres obsèques est l'assurance de voir ses volontés respectées quant au devenir de son corps et à l'hommage que l'on souhaite avoir. C'est aussi une ultime preuve d'amour envers ses proches, que l'on soulage ainsi de choix difficiles dans un moment douloureux. Crémation ou inhumation, lieu de la sépulture, type de cérémonie (civile, religieuse ou aucune) et lieu, choix de la musique et des textes qui seront lus, présence ou non de fleurs... En « orchestrant » notre mort, on reste acteur de notre vie jusqu'au bout. On peut aussi y voir un moyen de laisser sa trace en s'affranchissant de rites tristes et impersonnels, et ainsi « réenchanter » son départ avec une cérémonie à notre image : joyeuse si on le souhaite, musicale, littéraire, engagée (en refusant les traditionnelles fleurs et en suggérant aux proches de faire plutôt un don à une association), voire écologique en faisant planter un arbre[1]. De quoi apporter du baume au cœur à ceux qui restent et les aider à entamer leur processus de deuil de façon plus apaisée. Une belle sortie de scène...

---

1. Dans Nos Cœurs propose, en collaboration avec des ONG luttant contre la déforestation, la plantation d'un arbre hommage : www.dansnoscoeurs.fr.

Je valide !

Margareta Magnusson est l'une des figures emblématiques du « *death cleaning* ». Dans son livre[1], la séniore suédoise explique comment faire le grand tri dans sa vie, qu'il s'agisse de vêtements ou d'objets, comme de souvenirs ou de secrets. L'objectif : ne laisser que le meilleur de soi à ceux qui restent et leur épargner un poids, matériel ou psychologique, parfois bien trop lourd à porter.

La mort numérique

Aujourd'hui, nous sommes nombreux à avoir une existence numérique. Que vont devenir, après notre disparition physique, ces avatars et toutes les informations personnelles laissées au fil de nos passages sur la Toile ? Un proche peut-il prendre la main sur ces données ? C'est une vraie question éthique et, bien sûr, juridique. Cette notion de « mort numérique » est d'ailleurs inscrite dans la loi depuis 2016[2], mais le texte comporte de nombreuses zones d'ombre. Là encore, le mieux est d'exprimer clairement ce que l'on souhaite : autoriser un proche à publier sur ses réseaux afin d'annoncer le décès, demander la clôture de ses comptes, transformer son profil en un compte de commémoration, etc. Cela peut nécessiter parfois de transmettre ses identifiants et mots de passe à un proche. À l'inverse, l'entourage peut aussi créer des espaces souvenirs pour rendre hommage aux disparus dans le monde numérique. On peut également prendre l'initiative de son côté en créant de son vivant un « coffre-fort » numérique où l'on peut laisser des messages vidéo, des photos ou des textes comme autant de souvenirs qui apporteront un peu d'apaisement à nos proches.

1. *La Vie en ordre*, Flammarion, 2018.
2. Loi n° 2016-1321.

Assurer sa transmission

Avec maître **Corinne Dessertenne-Brossard**, notaire

Anticiper et communiquer : c'est la clé pour ne pas subir ou faire subir à ses proches des situations difficiles, assurer le bien-être de ceux que l'on aime et même apaiser les tensions au sein des familles. Maître Corinne Dessertenne-Brossard nous livre ici les principaux dispositifs pour prévoir l'après.

Le mandat de protection future : prévoir la perte d'autonomie

Avant de penser à sa disparition, il est bon d'anticiper également l'avant. Avec le grand âge, il arrive en effet que l'on perde sa capacité à agir et à prendre des décisions seul, de façon définitive ou momentanée. C'est un vrai danger pour les séniors peu entourés, qui peuvent alors devenir des « personnes âgées fantômes » livrées à une société de tutelle. Le mandat de protection future permet de s'en protéger et, plus généralement, de voir ses intérêts et volontés respectés en cas de perte d'autonomie future. Ce dispositif consiste à désigner à l'avance une ou plusieurs personnes pour agir en son nom en cas de perte de capacité physique ou mentale. Ce mandat peut aussi bien concerner la gestion du patrimoine que la vie personnelle : logement, maintien des relations avec la famille, mais aussi dispositions aidant à maintenir une certaine dignité comme la venue d'un coiffeur toutes les semaines, une sortie quotidienne au parc… Cette démarche ouvre également un espace de parole sur la fin de vie, avec la rédaction de directives anticipées. Ce mandat peut se faire sous la forme d'un acte sous seing privé ou d'un acte notarié. Ce dernier autorise davantage de dispositions (comme la vente d'un bien immobilier ou un placement financier par le mandataire, par exemple). Ce dispositif existe depuis 2009, mais il est peu connu et peine à entrer dans les mœurs françaises. Il permet pourtant d'éviter des situations difficiles. Extrêmement encadré, il peut être modifié ou révoqué tant qu'il n'a pas débuté.

La donation : transmettre de son vivant

La donation permet de transmettre des biens immobiliers, des biens mobiliers (sommes d'argent, meubles, bijoux, œuvres d'art…) ou des valeurs mobilières (actions, parts sociales…) de son vivant à ses proches (enfants, petits-enfants, arrière-petits-enfants, neveux ou nièces, ou toute autre personne si le donateur n'a pas d'enfant), à une œuvre ou à une association. Lorsqu'on en a les moyens, c'est une belle manière de donner un coup de pouce à son entourage, mais aussi d'optimiser la transmission de son patrimoine en bénéficiant de certains avantages fiscaux. La donation en nue-propriété permet quant à elle de transmettre un bien immobilier à un donataire, tout en en conservant l'usage et la jouissance (et en supportant également les charges et, si on le souhaite, les gros travaux). Le donataire ne deviendra alors propriétaire qu'au décès du donateur.

Pour aider financièrement ses proches, il est aussi possible de donner l'usufruit temporaire d'un bien. Enfin, il existe un outil parfait pour la paix des familles : la donation-partage, qui répartit les biens entre les donataires.

Le testament : prévoir la transmission de ses biens matériels

La donation entre époux ou « au dernier vivant » augmente la part légale d'héritage du conjoint. Pour rappel, la loi réserve à certains membres de la famille une fraction du patrimoine (nommée « réserve héréditaire ») dont ils ne peuvent pas être privés. Ces « héritiers réservataires » sont les descendants (enfants et petits-enfants) et, s'il n'y en a pas, les parents et le conjoint. Si le testateur le souhaite, la part restante (ou « quotité disponible ») peut être léguée à d'autres personnes ou à une association. C'est notamment l'objet du testament. À défaut d'héritier réservataire, le testament détermine à qui sera transmis le patrimoine. Ce testament peut être authentique (acte notarié), olographe (rédigé à la main, daté, signé puis remis à un notaire et enregistré dans un fichier central pour ne pas être subtilisé ou détruit) ou mystique (remis dans une enveloppe fermée à un notaire en présence de deux témoins et tenu secret jusqu'au décès). La rédaction d'un testament auprès d'un notaire est l'occasion d'échanger avec ce spécialiste du droit de la famille, afin d'opter pour des dispositions sur mesure qui permettront de se sentir vraiment serein et de protéger ses proches, notamment grâce à des choix plus avantageux sur le plan fiscal. En présence d'un patrimoine international ou d'une installation à l'étranger lors de la retraite, il est important d'étudier les différentes lois auxquelles la succession pourrait être soumise. Depuis le 1er août 2015, il est possible de choisir, entre la loi de son pays de nationalité et celle de son pays de résidence, laquelle est la plus intéressante. Mais attention ! La fiscalité reste liée au pays dans lequel on détient des biens, des comptes ou des immeubles. Enfin, même s'il est toujours douloureux d'imaginer ce genre de situation, le testament permet de désigner un tuteur testamentaire en présence d'enfants mineurs, qui peut être une personne distincte pour l'éducation d'une part, pour la gestion du patrimoine d'autre part. Ce testament s'appliquera notamment en cas de décès simultané des parents.

Mes petits conseils

Anticiper l'après, c'est aussi accomplir quelques actions quand il est encore temps. En voici quelques-unes.

- Pour bien préparer votre retraite, faites une simulation de vos droits. Il existe des outils en ligne[1], mais on peut également bénéficier gratuitement d'un entretien information retraite (EIR). Cela peut permettre de s'informer sur différents dispositifs, comme la retraite progressive, qui aide à diminuer doucement son activité en fin de carrière.

- Vous pouvez donner un sens à la mort en sauvant des vies : c'est ce que permet chaque année le don d'organe. En France, la loi a opté pour le « consentement présumé » : sauf si vous avez exprimé de votre vivant votre refus d'être prélevé, vous êtes présumé donneur. Si vous ne souhaitez pas donner vos organes, vous pouvez entériner ce refus (qui peut être partiel et ne concerner que certains tissus) en vous inscrivant sur le Registre national des refus[2], ou bien en rédigeant une lettre, datée et signée, puis confiée à un proche. Reste la possibilité d'exprimer oralement ce refus à vos proches, mais ils devront, le cas échéant, rappeler les circonstances de cette discussion et la retranscrire à l'équipe médicale. Autant leur épargner cette épreuve… Quelle que soit votre décision, il est important d'en informer vos proches.

- Pour faire avancer la recherche, il est possible de faire don de son corps à la science, à condition d'avoir entrepris la démarche de son vivant. Rapprochez-vous de la faculté de médecine la plus proche de votre domicile, qui vous enverra un dossier à compléter. Une carte de donneur attestera de votre choix, auquel l'entourage n'a pas le droit de s'opposer.

---

1. Rubrique « Mon estimation retraite », sur le site www.info-retraite.fr.
2. Inscription en ligne sur www.registrenationaldesrefus.fr.

- En l'absence d'un contrat obsèques, il reste possible de prévoir ses funérailles en rédigeant une fiche d'instruction. Attention ! Le testament n'est pas le document pour prendre ces dispositions, car les obsèques ont généralement lieu bien avant son ouverture chez le notaire.

- Constituer une pochette dédiée avec cette fiche d'instruction, une copie de ses contrats d'assurance-vie, ses titres de propriété, ses mots de passe et tout autre document important me semble être une bonne idée !

- On transmet un patrimoine, bien sûr, mais aussi un vécu. J'ai retenu plusieurs services qui œuvrent dans ce sens. Je suis la marraine de *Mémorable*, un podcast qui permet d'enregistrer ses souvenirs au micro d'un journaliste professionnel, de manière à laisser une trace et à pouvoir transmettre son histoire à ses proches. Il existe aussi des biographes qui peuvent prêter leur plume, à l'issue de quelques entretiens, pour restituer un récit de vie.

Chapitre 7

« Ce que la jeunesse trouvera au-dehors,
l'homme dans son après-midi doit le trouver au-dedans. »
Carl Gustav Jung

Cultiver son monde intérieur

Pour compenser le déclin du corps physique et ce temps qui s'égrène, il n'y a d'autre choix que de déplacer notre regard de la perte vers le gain. Le gain, c'est cette foisonnante vie intérieure qui, elle, ne s'essoufflera jamais. Riches de nos expériences, libérés de certaines contraintes, moins en prise avec les affres de notre ego, nous entrons dans un temps de maturation spirituelle qui achemine vers une plus juste présence à nous-mêmes et au monde, mais aussi vers quelque chose de plus vaste. Nous faisons partie d'un tout qui nous dépasse, mais nous avons chacun notre partition à jouer dans ce grand tout. Parce qu'il nous élève et nous délivre des contingences physiques et matérielles, cet élan spirituel se révèle être une ressource infinie pour mieux vivre l'âge qui est le nôtre, en mettant du sens et de l'authenticité dans notre existence.

Voyager léger

Si la vieillesse est un voyage, mieux vaut partir les valises délestées des regrets, des peurs et des rancunes qui pourraient nous empêcher d'apprécier les aventures et rencontres qui ne manqueront pas de se présenter sur notre route. Le cœur et l'esprit légers, mais riches d'une belle sagesse et d'une forte envie de vivre, lançons-nous sur ce périple dans la joie et la bonne humeur !

Affronter le réel

Décès, divorces et séparations, échecs professionnels, maladie... nous traversons tous des épreuves. Dans *Il est temps de choisir sa vie*, j'ai exploré en compagnie de mon ami le psychiatre Christophe Fauré les ressources intérieures qui nous permettent de rebondir face à ces épreuves de la vie. Nous avons ainsi identifié différentes clés, dont cette première qui me paraît, plus que jamais, essentielle lors de cette avancée en âge : rencontrer le réel. Il s'agit d'acter ce qui se passe dans nos vies, de regarder la réalité telle qu'elle est pour avancer et ne pas reproduire les erreurs du passé. Se confronter à ce qui nous arrive, en toute honnêteté, en levant ce voile émotionnel qui altère notre perception des choses. C'est aussi faire le deuil de ce qui n'est et ne sera plus. Ce fameux « lâcher prise » que l'on vante si souvent aujourd'hui, et qui n'a rien à voir avec l'abandon à la moindre difficulté ou une quelconque résignation, mais au contraire une belle sagesse : celle d'accepter de ne pouvoir tout contrôler, de faire la paix avec ses remords et regrets, d'arrêter les spéculations. Et pardonner, pour se libérer. Il n'est pas possible de réécrire l'histoire, mais nous sommes l'auteur de celle qu'il nous reste à vivre ! À chaque moment, nous avons le choix. Cette « rencontre du réel » est la première étape indispensable pour s'alléger, envisager les épreuves et les crises que nous traversons comme des opportunités pour nous révéler et ainsi ouvrir la porte à de nouveaux possibles.

Il n'est pas possible de réécrire l'histoire, mais nous sommes l'auteur de celle qu'il nous reste à vivre !

Accepter notre finitude

Rencontrer le réel, c'est aussi faire face à nos peurs, qui peuvent prendre une autre coloration au fil des décennies. Petit à petit se dessine la peur du déclin physique et de la maladie, et, bien sûr, la peur ultime : celle de la mort. Le décès de ma mère m'a très tôt confrontée à la mort. Je l'ai à nouveau affrontée vingt ans plus tard auprès de ma tante, atteinte d'un cancer du pancréas. Entre-temps, j'avais mûri, réfléchi, notamment grâce à de nombreuses lectures : des livres sur le deuil, sur des expériences de mort imminente, des récits paranormaux, des histoires d'anges, des essais de philosophie... La mort n'est pas une angoisse chez moi, je suis fataliste (mais humble) à son égard. Et pour cause : à la minute même où nous sortons notre premier cri, nous sommes destinés à mourir ! Tout est impermanent, rien ne dure... à commencer par la vie. Regarder la mort en face est essentiel pour mesurer notre chance d'être vivants et en bonne santé, pour vivre pleinement et intensément. Mais aussi, vivre pour ceux qui nous ont quittés. Dans *Toute une histoire* ou lors du Téléthon, j'ai souvent rencontré des parents qui ont vécu l'inacceptable : la perte d'un enfant. Comment continuer à vivre, si ce n'est en donnant un sens à cette terrible épreuve ? Je pense notamment à Laurence Tiennot-Herment, présidente de l'AFM (Association française contre les myopathies) depuis 2003. La même année, deux semaines avant le Téléthon, décédait son fils Charles Henri, diagnostiqué de la myopathie de Duchenne à 3 ans. Elle a donné un sens à cette disparition en œuvrant corps et âme pour le Téléthon. Chaque progrès réalisé dans le domaine des maladies génétiques est comme un hommage à son fils. J'ai, moi aussi, « transcendé » la mort précoce de ma mère. Il se passe rarement une journée sans que je la convoque. Je sens son énergie. En disparaissant si tôt, elle a laissé en moi une envie de vivre pour deux. « Le vrai tombeau des morts, c'est le cœur des vivants », écrivait Jean Cocteau. Nos morts nous invitent à mettre du sens dans nos vies. Encore faut-il lever ce tabou ultime, ne plus vivre dans le déni et libérer la parole autour de la mort. Se réconcilier avec notre finitude et lui laisser une place dans nos existences, c'est choisir la vie et l'honorer à chaque instant.

Réenchanter la mort

Dans notre société occidentale, la mort reste un tabou. On la tient à distance et, dans ces conditions, lorsqu'on y est confronté, on se sent bien seul et démuni. J'ai été fascinée par le témoignage de mon ami Roland, très croyant, de religion juive. Il m'a raconté comment il avait accompagné le souvenir de sa mère récemment défunte, en allant prier tous les jours de 7 à 8 heures du matin à la synagogue, pendant un an. Un véritable rituel de prière, qui permet de vivre son chagrin et son deuil, entouré de ses proches, de se familiariser avec le départ de l'être aimé et de trouver un apaisement en veillant sur son âme. Cet accompagnement spirituel me semble doux, enveloppant et réconfortant. Rien à voir avec ce que j'ai vécu il y a quarante ans, lorsque ma mère nous a quittés. Il m'a fallu vingt ans pour trouver l'apaisement, grâce à l'écriture d'*Au-delà, grandir après la perte* avec mon ami Christophe Fauré, un ouvrage dans lequel nous avons décortiqué les différentes étapes du deuil pour renseigner et aider nos lecteurs. J'ai même envisagé, à l'époque, de proposer une émission de télé sur la mort, en confrontant un invité récemment endeuillé à des personnes ayant traversé la même expérience, à différents moments de leur reconstruction. France 5 a diffusé un numéro (mon invité était Roland Giraud) et puis... plus rien, hélas ! Je souhaitais justement briser le tabou de la mort et familiariser les téléspectateurs avec cette notion, qui fait peur dans notre société trop matérialiste. Plus récemment, j'ai été émue par les images du compagnon de cette enseignante tuée par l'un de ses élèves à Saint-Jean-de-Luz. Après la messe d'enterrement, on l'a vu danser sur le parvis de l'église, comme s'il emportait sa compagne dans une dernière valse, démontrant ainsi que personne ne pourra lui enlever ce qu'il garde d'elle et que la vie est plus forte que la mort... C'était sa façon de réenchanter et de transcender le départ de son grand amour ! Oui, il faut réfléchir et se confronter à la finitude, retrouver des rituels (autrefois dans les familles, on veillait nos morts), développer les services de soins palliatifs et l'accompagnement des mourants, pour apaiser ceux qui s'en vont, mais aussi ceux qui restent.

Il faut [...] se confronter à la finitude, retrouver des rituels [...], pour apaiser ceux qui s'en vont, mais aussi ceux qui restent.

Quelques livres qui m'ont aidée à surmonter le deuil

• ***Le Livre tibétain de la vie et la mort***, de Sogyal Rinpoché. Un livre de sagesse qui m'a réconciliée avec l'idée de finitude. L'auteur montre que dans la mort comme dans la vie, l'espoir existe et qu'il est possible à chacun de transcender sa peur pour découvrir ce qui, en nous, survit et ne change pas. Il présente une vision de la vie et de la mort telle que nous la propose la sagesse tibétaine, ainsi que des « pratiques » simples que chacun, quelles que soient sa religion ou sa culture, peut accomplir afin de transformer son existence, de se préparer à la mort et d'aider les mourants. C'est aussi une introduction à la pratique de la méditation, ainsi qu'aux notions de renaissance et de karma. Bref, un chef-d'œuvre spirituel, un manuel, un guide, peut-être même une source d'inspiration sacrée.

• ***Vivre le deuil au jour le jour***, de Christophe Fauré. Un classique pour comprendre les différentes étapes du deuil et trouver des clés pour continuer à avancer, malgré cette indicible douleur.

• ***Vivre avec nos morts***, de Delphine Horvilleur. Dans ce « petit traité de consolation », la première femme rabbin de France ouvre une réflexion sur la manière de transmuer la mort en leçon de vie pour ceux qui restent. « Dans la mort aussi, une place peut être laissée aux vivants. Il faut pour cela que nous puissions les raconter, trouver les mots qui les préserveront plus puissamment que du formol. Chaque fois que j'officie au cimetière, j'essaie d'honorer cette place et de la faire grandir, par la force des histoires qui laissent en nous des traces indélébiles, le prolongement des morts chez les vivants », écrit-elle. Un discours qui trouve un fort écho en moi.

Nos maîtres de vie

Ma mère est partie le 17 novembre 1983. Son départ m'a plongée dans le plus grand désarroi. J'ai lu *La Mort intime*[1] à sa sortie, douze ans plus tard, et cette lecture m'a offert un début de réponse et d'apaisement. Plus qu'un livre, c'est une leçon de vie. Marie de Hennezel y témoigne de son expérience dans l'accompagnement de personnes proches de la mort. C'est une expérience à la fois intime, lorsque la mort frappe certains de ses amis, et professionnelle, dans le cadre d'une unité de soins palliatifs et d'un service de maladies infectieuses. Elle décrit la richesse et l'émotion des derniers instants de ceux qui restent des « vivants » et qui, dans l'humilité et la vérité où les a plongés la souffrance, deviennent des maîtres de vie. Comme le dit François Mitterrand, qui en a écrit la belle préface, ce livre dispense une lumière plus intense que bien des traités de sagesse ! J'ai souhaité rencontrer Marie en 1995 et lui poser des questions pour mon livre *Au-delà, grandir après la perte*. Cette rencontre a été un véritable coup de foudre amical, et Marie est devenue pour moi une référence et une amie intime ! Nous sommes là l'une pour l'autre, j'ai séjourné dans son paradis à l'île d'Yeu et nous reprenons toujours la conversation où nous l'avons laissée. Je considère Marie comme l'un de mes anges-gardiens et j'aime nos discussions profondes sur la vie, l'amour, la mort, le temps qui passe, l'apprentissage du bien vieillir. Elle a quelques années de plus que moi et me montre le chemin ! Depuis plus de quinze ans, Marie interroge le rapport au temps et l'expérience du vieillissement, nourrissant sa réflexion avec les séminaires qu'elle organise au sein de résidences services pour séniors, partout en France. Dans son livre *L'Aventure de vieillir*[2], elle nous livre une vision positive de la vieillesse, bien loin des poncifs habituels, et nous invite à nous y lancer le cœur joyeux et vaillant.

---

1. Robert Laffont, 1995.
2. Robert Laffont /Versilio, 2022.

Accepter le paradoxe de vieillir

Avec **Marie de Hennezel**, psychologue clinicienne

Vieillir nous confronterait à un paradoxe. Peux-tu nous en dire plus ?

Victor Hugo le résumait très bien ainsi : « Mon corps décline, ma pensée croît ; dans ma vieillesse il y a une éclosion. » Au fil du temps, le corps se délite, s'use. C'est inéluctable, même si les progrès scientifiques nous permettent de freiner ce processus. Cependant, tout n'est pas destiné à vieillir et se détériorer. J'ai rencontré nombre de centenaires qui ont non seulement toute leur tête, mais aussi une fraîcheur et une jeunesse d'esprit incroyables ! Ni l'esprit ni le cœur ne sont voués à vieillir, pourvu que l'on garde cette envie de vivre, d'aimer et d'être aimé. Pour aborder la vieillesse plus positivement, il est important dans un premier temps de comprendre ce paradoxe, puis de l'accepter. On prend alors conscience qu'une mutation est nécessaire.

Cette mutation, c'est ce que tu nommes la « révolution narcissique » ?

Pour moi, la citation que l'on attribue à Woody Allen, « Je ne me regarde plus dans la glace parce que c'est désespérant, je regarde à l'intérieur de moi parce qu'à l'intérieur, je suis jeune », dit tout. Faire sa révolution narcissique consiste à passer de l'extériorité à l'intériorité. Cela ne signifie pas qu'il faut se laisser aller, mais au contraire faire alliance avec son corps pour l'aider à rester en bonne santé le plus longtemps possible. Je rencontre beaucoup de femmes centenaires actuellement. Elles sont ridées comme des pommes, mais rayonnantes ; elles ont un regard qui pétille et un très joli sourire. Le regard et le sourire viennent du plus profond de nous et ne sont pas destinés à vieillir, à condition que l'on ait une vie intérieure riche.

Comment nourrir cette intériorité ?

Cela dépend de chacun, bien sûr, mais il y a certaines clés communes : cultiver sa joie intérieure, être en paix avec soi-même, savoir s'émerveiller du présent. Plus on avance en âge, plus le temps chronologique se rétrécit, mais on peut dilater le temps en entretenant cette aptitude à apprécier le moment présent. La révolution narcissique, c'est donner plus d'importance à l'intériorité, mais cela ne veut en aucun cas dire se refermer sur soi, bien au contraire. C'est une ouverture à l'autre, au monde extérieur. Prenons la contemplation, par exemple : une personne âgée qui contemple a une joie intérieure qui va transparaître sur son visage. Elle va communiquer cette joie aux autres. Mais il est évident qu'un résident de maison de retraite qui a l'impression de ne plus rien apporter à la société, que sa vie est derrière lui et qui attend la mort, aura un regard triste et un sourire absent. Ce qui préserve l'autonomie, c'est de garder l'estime de soi. On peut perdre son autonomie après un accident ou une maladie, mais pas seulement. Cela se joue aussi dans la tête. Quand on a le sentiment que plus personne ne se préoccupe de nous, que l'on n'a plus rien à donner ou d'intéressant à vivre, on baisse les bras. Le corps se courbe, on chute.

Accepter ce paradoxe de vieillir n'est-il pas difficile dans une société où persiste un certain « âgisme » ?

La société véhicule encore une très mauvaise image du vieillissement, et cela n'aide effectivement pas à bien vieillir. Aussi, c'est à chacun de devenir son propre porte-parole pour contribuer à changer les choses, en montrant par l'exemple qu'il est possible de vivre autrement la vieillesse et d'en faire une véritable aventure. Il faut montrer que la curiosité, comme le désir, ne vieillit pas. Nous sommes aujourd'hui 30 % de la population française à avoir plus de 60 ans. Si chacun d'entre nous faisait de la vieillesse une expérience heureuse, féconde et intéressante, nous pourrions « contaminer » la société et modifier l'image qu'elle s'en fait. Avec la révolution narcissique, finalement, on explore des contre-valeurs : la lenteur dans un monde qui va si vite, la bienveillance dans un monde qui est dur, la disponibilité dans un monde où l'on est constamment contraint, l'être dans un monde du faire. J'aime cette notion d'« aventure de vieillir ». C'est l'inconnu, mais on y va le cœur joyeux, en étant ouvert à la nouveauté.

Mes petits conseils

Rencontrer le réel n'est pas toujours évident tant nos pensées, nos émotions, mais aussi des blessures parfois profondément enfouies peuvent altérer notre perception de la réalité. Pour ôter ses « lunettes déformantes » et aiguiser notre capacité de discernement, certaines pratiques peuvent aider.

- Testez la méditation. Notre esprit est le plus fertile des scénaristes : il s'invente sans cesse des films ! Il nous renvoie au passé (révolu) avec son lot de culpabilité, de regrets ou de jugements, ou nous projette dans le futur (hypothétique) et ses ruminations anxieuses, ses peurs et ses soucis. Ce faisant, notre mental nous éloigne du moment présent, ou bien le déforme en le recouvrant du voile sombre de nos pensées et émotions négatives. La méditation aide à faire taire ce brouhaha qui altère notre discernement. J'ai eu la chance, dans mes émissions, de recevoir à plusieurs reprises le moine bouddhiste Matthieu Ricard, un homme incroyable, impressionnant par sa qualité d'écoute et d'empathie, son humilité et la lumière qu'il renvoie. Avant d'être un grand sage, il est aussi un grand scientifique et collabore volontiers avec des chercheurs pour se prêter à des expériences et vérifier, par exemple, les bienfaits de la méditation et du travail de l'esprit. Avec son livre *L'Art de la méditation*[1], il fut l'un des premiers à nous enseigner comment cette pratique peut nous permettre de devenir « l'observateur de nos pensées », plutôt que se laisser entraîner dans leur flot. Depuis, les recherches ne cessent de démontrer les apports de cette pratique. Je ne peux que vous encourager à tester ! Personnellement, j'ai trouvé dans la marche et la natation ma manière de méditer.

- Servez-vous de l'écriture comme « thérapie ». Poser ses pensées sur le papier peut en effet aider à « rencontrer le réel », à faire le point, particulièrement dans les moments difficiles. Véritable espace de réflexion, mais aussi de catharsis, chacun de mes livres est ainsi venu répondre à une problématique de vie : le deuil, la crise du milieu de vie et, avec cet opus, le vieillissement. Sans vous lancer dans l'écriture d'un livre (sauf si c'est votre

1. Nil, 2011.

rêve, bien sûr !), vous pouvez simplement commencer par coucher sur le papier vos émotions : d'abord en les nommant (pas toujours évident, c'est un vrai exercice en soi), pour ensuite tenter de mieux les comprendre. Vous pouvez également décrire une situation qui vous fait souffrir. Poser des mots sur nos maux est un moyen efficace de les analyser avec un peu de recul, et souvent de les relativiser. Il existe aussi ce que l'on appelle l'écriture intuitive. Le principe ? On laisse simplement glisser le stylo sur la feuille et on note ce qui nous vient à l'esprit. Ce serait une façon de nous connecter à un autre niveau de conscience, voire à un monde supérieur.

- Cultivez des moments de solitude lorsque vous en éprouvez le besoin. Bien sûr, l'isolement est un « accélérateur » de vieillesse, mais on parle là de la solitude subie. À côté, il existe une solitude « saine », ou « fondamentale » comme l'appelle Christophe Fauré. C'est celle qui permet de réfléchir (et non ruminer), de faire le point, de chercher un sens à nos expériences afin d'en tirer des leçons. Cette solitude m'est essentielle pour me retrouver, et je vois dans le fait d'apprécier ces face-à-face avec moi-même le signe d'une bonne santé mentale, d'une certaine sagesse acquise au fil des années et d'une intériorité féconde : on n'est jamais seul quand on a une vie intérieure riche !

- Consultez un psychologue si vous vous sentez dans une impasse, comme bloqué. Il n'est jamais trop tard pour se faire aider ! Nous portons tous des blessures invisibles, dont on a plus ou moins conscience et qui peuvent se réactiver à la moindre occasion, nous faisant réagir d'une certaine façon. Nous nous retrouvons alors, encore et toujours, dans le même type de situation… Consulter peut aider à tirer le fil d'Ariane de nos émotions d'adulte et nous réconcilier avec notre « enfant intérieur », ne plus laisser nos blessures et traumatismes tenir les rênes de notre vie. Et vivre enfin, pleinement.

- Si vous en ressentez le besoin, créez vos propres rituels pour rester en lien avec vos disparus. Personnellement, j'ai instauré mon petit rituel de prière. Cela se passe sur la plage, que j'arpente pendant des heures, en Normandie. J'ai découvert une ammonite fossilisée, qui apparaît à marée basse. Je prends rendez-vous avec elle en fonction de l'heure des marées, me tiens debout face à elle dans la direction du soleil, et convoque alors ceux que je nomme « mon équipe technique » : mes chers disparus, les êtres de lumière, le Grand Tout, tous ceux dont j'imagine qu'ils ont un rôle à jouer dans l'Après, auprès des vivants ! J'ai choisi d'y croire, et c'est sacrément réconfortant ! Ce rituel permet aussi de faire le point, de réfléchir aux événements récents et, parfois, en se posant de la sorte, de trouver des solutions à nos problèmes.

Trouver sa spiritualité

Accepter le réel, le déclin du corps et, en fin de compte, notre finitude ouvre la porte à toutes les possibilités de croissance spirituelle. Souvent, l'avancée en âge nous offre ainsi l'opportunité unique de reprendre contact avec cette dimension sacrée de la vie. Que l'on soit croyant ou non, nous avons tous besoin de nous sentir reliés à un invisible qui nous dépasse et de créer des rituels symboliques qui donnent du sens à nos vies.

La spiritualité est partout

Comme vous le savez, avec le décès de ma mère, je me suis posé très jeune des questions existentielles. Je suis très rationnelle, mais il me paraît plus facile de surmonter les difficultés de la vie et d'accepter le départ des êtres chers en croyant à un monde « supérieur », en ayant foi en une « force cosmique ». Il n'y a pas de règle, pas de dogme : à chacun de créer sa propre spiritualité, en dehors ou dans le cadre d'une croyance religieuse. La spiritualité est partout, pourvu que l'on y mette du sens, de l'intention et de l'authenticité. Elle réside dans notre capacité à apprécier l'instant présent, dans ce sentiment de plénitude face à l'étendue de la mer, dans ce frisson que nous procure un morceau de musique classique, dans le bien-être que l'on éprouve en nageant, dans des orgasmes paroxystiques qui nous connectent au divin. On la trouve dans les signes et les synchronicités qui, si l'on sait les reconnaître, peuvent nous apporter certaines réponses. Dans ces énergies que l'on ressent en visitant un lieu ou en rencontrant une personne pour la première fois. Dans cette intuition qui peut nous servir de boussole dans la vie. Dans ces petites prières que je me répète souvent. Elle est aussi dans cette « équipe technique » qui m'accompagne et me soutient chaque jour. Cultiver ce lien à l'invisible et au sacré me semble être une force pour avancer en âge plus sereinement et maintenir cet élan vital.

Ma biblio spirituelle

• Les livres de développement personnel m'ont beaucoup aidée dans mon parcours spirituel : il y a bien sûr *Les Quatre Accords toltèques*, l'un des livres de sagesse les plus lus au monde, les différents opus de Christophe Fauré, Christophe André, Mathieu Ricard, Boris Cyrulnik, Frédéric Lenoir, Alexandre Jollien, Bréné Brown, André Comte-Sponville ou Michel Onfray.
• Le cheminement spirituel et les réflexions autour de la foi d'Éric-Emmanuel Schmitt (*La Nuit de feu*, *L'Évangile selon Pilate*, *Le Défi de Jérusalem*) sont toujours une grande source d'inspiration.
• J'ai beaucoup appris également de Sylvain Tesson et de sa perception des essentiels de la vie. J'ai aimé vagabonder avec lui, qu'il s'installe quelques mois en Sibérie (*Dans les forêts de Sibérie*), qu'il traque une bête au Tibet (*La Panthère des neiges*) ou qu'il traverse la France (*Sur les chemins noirs*).

Faire le choix de la vie

La spiritualité est avant tout un état d'esprit. C'est le sens que l'on met dans chacun de nos actes. Le désir d'authenticité qui nous guide chaque jour. L'empathie et l'altruisme à l'œuvre dans nos relations aux autres. La vulnérabilité que l'on ne craint pas de montrer. L'attention et la présence face au monde. L'acceptation de ce qui vient à nous. L'introspection qui permet de mieux nous connaître. Le lâcher-prise face à certaines situations sur lesquelles nous n'avons aucun contrôle. L'acceptation des polarités : le bonheur, le malheur, le bien, le mal, la vie, la mort…

La spiritualité, c'est faire le choix de l'amour, de la joie, de la gratitude… et de la vie, jusqu'à notre dernier souffle. C'est embrasser le bien et la bienveillance, se mettre au service des autres, en ayant la conviction de faire partie d'un tout et de ne pas se limiter à une satisfaction personnelle !

« Les joies du monde sont notre seule nourriture.
La dernière petite goutte nous fait encore vivre. »
Jean Giono

Et pour la route...

Voici un petit exercice pour clore ce livre qui, je l'espère, vous a apporté quelques clés pour profiter de ces belles années à venir. Si vous deviez définir, en quelques mots, votre « vieillesse idéale », quels seraient-ils ? Pour ma part, ce serait :

Mobile : je compte bien profiter de ce temps pour voyager.
Culturelle : pour continuer d'apprendre, encore et toujours.
Amicale : pour recevoir mes amis, leur concocter de bons petits plats, avec de riches et profondes conversations.
Partagée : avec mon compagnon et mes enfants, et en m'investissant dans des causes caritatives.
Active : j'ai bien l'intention de continuer à travailler d'une manière ou d'une autre, pour rester curieuse et en lien avec la société. Ne serait-ce qu'en écrivant et en restant ouverte aux autres pour transmettre mon expérience !
Et **joyeuse**, bien sûr.

À vous de trouver les mots-clés qui vous serviront de boussole au cours de ce beau voyage du troisième âge !

Bibliographie

Quand la mort éclaire la vie, Christophe André, Christophe Fauré, Steven Laureys et Matthieu Ricard, L'Iconoclaste, 2022.

La Parenthèse boomers, François de Closets, Fayard, 2022.

Mémoire : vous avez le pouvoir ! Dr Michel Cymes et Fabien Olicard, Solar/First, 2022.

Maintenant ou jamais ! La transition du milieu de vie, Dr Christophe Fauré, Albin Michel, 2020.

Vivre le deuil au jour le jour, Christophe Fauré, Albin Michel, 2012.

L'Intelligence intime, Margot Fried-Filliozat, Robert Laffont, 2022.

La Marche-thérapie, Dr Éric Griez, Eyrolles, 2022.

L'Aventure de vieillir, Marie de Hennezel, Versilio/Robert Laffont, 2022.

La Mort intime, Marie de Hennezel, Robert Laffont, 1995 ; Pocket, 2006.

Vivre avec nos morts, Delphine Horvilleur, Grasset, 2021.

Des visages, une anthropologie, David Le Breton, Métailié, 2022.

Marcher la vie, un art tranquille du bonheur, David Le Breton, Métailié, 2020.

Jung, un voyage vers soi, Christophe Lenoir, Albin Michel, 2021.

Ma bible pour perdre du poids sans régime, Véronique Liesse, Leduc, 2021.

Les chansons d'amour guérissent le cœur du monde, Daniela Lumbroso et Joseph Agostini, Robert Laffont, 2023.

La Vie en ordre, Margareta Magnusson, Flammarion, 2018.

Méditer à travers l'art, Soizic Michelot, Albin Michel, 2021.

Ménopause : tout peut changer, Dr Michel Mouly, Versilio/Robert Laffont, 2022.

Skincare : objectif belle peau, Laurent Pan et Coralie Petermann, Albin Michel, 2022.

La Rencontre, une philosophie, Charles Pépin, Allary Éditions, 2021.

Se révéler, Arnaud Riou, Albin Michel, 2022.

Le Livre tibétain de la vie et de la mort, Sogyal Ripoché, Le Livre de Poche, 2005.

La Santé devant soi, Dr Frédéric Saldmann, Robert Laffont, 2022.

Amour, Tantra et sexualité, une voie d'épanouissement, Nathalie Vieyra, Eyrolles, 2022.

Remerciements

Je remercie le docteur Jean-Antoine Girault et la Fédération pour la recherche sur le cerveau, le docteur Michel Mouly, le docteur Alexandre Koutsomanis, Stéphanie Rheinart, Séverine Vidal et la Fédération française d'éducation physique et de gymnastique volontaire pour leur expertise et leurs conseils afin de nous aider à vieillir en bonne santé, joyeusement et bien dans notre peau. Je remercie également maître Corinne Dessertenne-Brossard pour ses conseils notariaux avisés.

Merci à Katarina Anić, ma maquilleuse, qui m'accompagne depuis de nombreuses années et qui a l'art de me mettre en beauté avec talent, parvenant à faire ressortir les points forts de mon visage dans un rendu au plus près du naturel : souligner sans recouvrir ni alourdir !

Merci à Yvonne Poncet-Bonissol, psychologue clinicienne et experte de l'émission *Toute une histoire*, que j'ai présentée pendant sept ans à la suite de Jean Luc Delarue. Nous sommes tombées en amitié depuis... Yvonne a écrit de nombreux ouvrages : *La relation mère-fille*, *Pour en finir avec les tyrans et les pervers narcissiques dans la famille*, *Des deuils nécessaires pour rester vivant*, *Secrets de famille et non-dits*, *Vivre heureux dans une famille recomposée* (tous publiés aux éditions Dangles), et bien d'autres encore...

Merci à Marie de Hennezel, mon amie, qui m'a éclairée après le décès de ma mère avec *La Mort intime*, un livre lumineux. Merci à elle de nous livrer une nouvelle vision de la vieillesse, qui donne envie de se lancer dans cette « aventure ».

Merci à ma fille Valentine, qui a pris sa plume pour partager avec vous nos recettes familiales et ses petits conseils nutritionnels. Elle est en train de faire son chemin et de devenir une journaliste gastronomique reconnue ! Je suis fière que, avec son père et ses grands-parents, nous lui ayons transmis les valeurs du bien vivre ensemble, qui passe aussi par le plaisir de communier autour de bons repas !

Merci à Julie Martory de m'avoir accompagnée dans l'écriture de ce livre, avec talent et bienveillance.

Merci à mes éditeurs Lama Younès-Corm, Didier Férat et Vincent Barbare de m'avoir fait confiance.

Merci à mes proches, fidèles soutiens et conseillers, qui sont à mes côtés au quotidien ! Et merci à vous, lecteurs, qui m'honorez de votre fidélité depuis de nombreuses années.

Direction : Didier Férat
Direction éditoriale : Lama Younès-Corm
Collaboration éditoriale : Julie Martory
Création graphique intérieur et couverture : Marina Delranc
Adaptation, mise en page et illustrations : Claire Morel Fatio
Correction : Frédéric Gomariz, Virginie de Vismes
Fabrication : Laurence Duboscq

Photos de l'intérieur et de la couverture : Benjamin Decoin

Stylisme : Aurore Gasnot
Les éditions Solar remercient pour le prêt des tenues : Eric Bompard, DMN, la Brune et la Blonde (couverture), MKT, la Brune et la Blonde (page 38), Gérard Darel (page 128).

Coiffure : Magali de Magalhaes
Maquillage : Katarina Anic

ISBN : 978-2-263-18443-7
Code éditeur : L18443
Dépôt légal : octobre 2023
Imprimé en Espagne par Egedsa